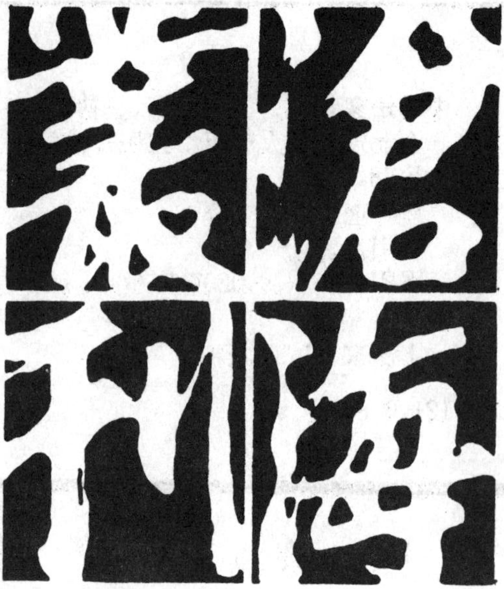

中國法家哲學

王讚源 著

東大圖書公司 印行

國立中央圖書館出版品預行編目資料

中國法家哲學／王讚源著.--初版.--
台北市：東大出版：三民總經銷，
民78
面；　公分
含引用書目
ISBN 957-19-0297-7（平裝）

1.法家　I.王讚源著

121.6/8422

著　者　王讚源
發行人　劉仲文
出版者　東大圖書股份有限公司
總經銷　三民書局股份有限公司
印刷所　東大圖書股份有限公司
地址／臺北市重慶南路一段
六十一號二樓
郵撥／〇一〇七一七五──〇號
初　版　中華民國七十八年二月
二　版　中華民國 八 十 年八月
編　號　E 12055
基本定價　叁元壹角壹分
行政院新聞局登記證局版臺業字第〇一九七號
著作權執照臺內著字第六九九六七號

ISBN 957-19-0297-7（平裝）

自序

民國五十三、四年是《文星雜誌》最風光的時候，中西文化論戰以及對臺灣時政的批評，莫不引起文化界和政治界的騷動。其中以自由、法治、民主方面的思想，最引起我的興趣，也給我不少的啓廸。由於這股興趣，曾促使我專心研讀戴雪（A. V. Dicey）的《英憲精義》，張佛泉的《自由與人權》，和托克維爾（A. D. Tocqueville）的《美國的民主》，這些經典著作奠下我對法律哲學和政治哲學的認識基礎，也因此促使我參加司法官考試。雖然司法官這條路我中途放棄，不過對政治、法律的關心，却不曾稍懈。五十六年我修習《韓非子》，六十一年出版《韓非與馬基維利比較研究》，這是一本比較政治哲學的書。記得書名上報不久，幼獅公司就轉告陳之藩先生從美國來信預約，這給我不少精神上的鼓勵。之後我在大學教授中國哲學史、中國管理思想、墨子、韓非子、淮南子等課程，都要討論到法家思想，於是才想把法家思想做一次比較徹底的整理，這是本書寫作的因緣。

本書書名用哲學一辭，係採用美國聖路易華盛頓大學名教授李維（A. W. Levi）的定義，他在《哲學概論》中說：「哲學是對人生經驗作反省思考的活動。」反省思考是合理而有系統的思考方式。反省具有提出問題，解決問題的能力，是見高識遠及計劃行為的能力。李氏說的「經驗」，是包含人類文化活動的全部。因為離開文化活動，人根本沒有經驗可談。由於對認知過程的反省思考因而產生知識論，對歷史經驗反省思考因而產生歷史哲學，對宗教經驗反省思考因而產生宗教哲學，對美感經驗反省思考因而產生藝術哲學，對政治經驗反省思考因而產生政治哲學，對法律經驗反省思考因而產生法律哲學。而法家思想的範圍主要在政治和法律的經驗層面，因此我把法家的政治思想和法律思想，統稱之為法家哲學。這是本書命名的理由。

本書共分為三篇，在寫作的順序上，第二篇先寫成，其次是第一篇，第三篇是最後完稿的，不過為了理解的一貫性，依照現在的安排比較理想。大凡一家一派的思想都有它的主要觀念，把這些觀念弄清楚了，就容易把握這一家一派的思想，所以把法家的人物與主要觀念排在第一篇，作為了解法家哲學的導引。韓非吸取前輩法家的精華，集法家的大成，也是法家思想的巔峯，了解韓非哲學，可以說已了解法家哲學，所以把韓非哲學放在第二篇，作為全書的中心（本篇之完成得國科會補助，謹申謝意）。法家思想到了漢朝有很大的轉變，轉變後的法家思想，只是用來輔助仁義道德的末策，這種理念左右漢以後兩千多年中國讀書人的意識型態，以及政治的實際運作。而這一大轉變，可以從綜貫先秦各家的《淮南子》找到線索，看到面貌，因此把《淮南子》與法家的比較，排在第三篇，用來認識法家思想的演變情形。從基本觀念的導引，進到思想本部的了解，再到思想演變的觀察，這樣對法家哲學能有系統性和整體性的認知。這樣安排，是一次新的嘗試，也是本書的一個特色。

在寫作方法上，三篇各有不同，而以前兩篇較為特殊。第一篇採用觀念史的方式處理，著重思想演變的內外因緣，從觀念或概念的起源、界說、演變、影響到批判，依序說明，希望對法家的人物和主要觀念有一明確的介紹，給讀者奠下了解法家哲學的基礎。在法家的代表人物之中，最後一位介紹韓非，這與第二篇是有所重複，不過那是有意的安排，我想藉此提供一個簡要而完整的概念，使讀者容易把抓韓非哲學的縮影。第二篇我借用知識社會學 (Sociology of knowledge)、法律學、政治學、心理分析學等學科來解析、詮釋韓非哲學。因為每一門學科好比一盞探照燈，用多種學科的觀點來討論，就像用多盞探照燈從不同的角度來照明一樣，這樣對整個韓非哲學系統，自然可以面面觀察，獲得比較清晰而深入的認識。如此採用多種行為科學的方法，來研討韓非哲學，是本書的另一特色。

管理學 (Management) 是廿世紀的顯學，是工商企業的經營術。英國著名管理學專家安東尼•傑伊 (Anthony Jay)，最近出版一本書，書名叫《管理與馬基維利》，是用《君王論》的治國思想來詮釋現代的企業管理。詹炳發先生將英文原書摘要改寫，發表在七十七年五月十六到廿一日的《工商時報》，標題是：〈管理大師：馬基維利〉。根據我的研究，韓非的思想比馬基維利深刻而有系統，韓非更有資格稱為管理大師。本書第二篇末了我說：「韓非的思想是驗證有效的領導術。」在全書總結裏我說：「韓非的思想是有效的領袖術，可以啓發現代的政治管理和企業管理。」我很肯定的認為，用《韓非子》的治國思想來詮釋企業管理，是開拓研究韓非哲學的一條新大道。有志的學人，不妨試試。

這本書雖然用了我不少心力，但個人受限於能力及選擇的注意，疏漏的地方，可能不少，希望讀者不吝指教，我一定很感激。

王讚源

一九八九年元旦於永和書齋

中國法家哲學　目次

第一篇　法家人物及主要觀念

第一章　法家重要人物

管子

管子名夷吾，字仲，齊國潁上人（安徽潁上縣）。生年不詳，卒於桓公四一年（？—645 B.C.）。

管仲幼年貧困，後由知己朋友鮑叔的力薦，當了齊相，前後四十年，終使桓公成就霸業。他任政期間，通貨積財，與民同好惡，使偏處海濱的區區之齊，富國強兵。這對韓非「存亡在虛實，不在於衆寡」（〈安危〉）、「治彊不可責於外，內政之有也。」（〈五蠹〉）的觀念應該有所啓示。在國際間，他號召諸侯尊王攘夷，保住了諸夏文化，所以孔子說：「管仲相桓公，霸諸侯，一匡天下，民到于今受其賜，微管仲吾其被髮左衽矣！」（《論語・憲問》）他表現的政績，使得一向不輕易以仁許人的孔子，頻頻讚歎：「如其仁！如其仁！」（〈憲問〉）。管仲以一介平民，躍登春秋政壇，叱咤風雲，這種政治上的新形象，給後來士階級的崛起，必然有過相當的鼓勵作用。

《管子》一書，漢朝以前無人懷疑。《韓非子・五蠹》說：「藏商、管之法者家有之」，可見其成書年代甚早，《淮南子・要略》就說，《管子》之書生於齊桓公之時。而司馬遷更明說：「吾讀管氏〈牧民〉、〈山高〉、〈乘馬〉、〈輕重〉、〈九府〉……詳哉其言之也……其書世多有之。」（《史記・管晏列傳》）可見漢時確有《管子》之書。其書原有五百六十四篇，後經劉向校刪重複，定著爲八十六篇。今本《管子》則僅存七十六篇。

晉、唐以來，許多學者懷疑《管子》書非管仲所作，有認爲全書出於後人的綴輯，有認爲部分出於後人的綴輯或附益，甚至有人認爲其書純出僞託。其實，考之先秦，古籍大致由後人編輯而成。《管子》一書，遠在春秋中期，自不能例外。綜合各家之說，《管子》書由纂集而成，可爲定論。

雖然《管子》一書出之纂集，但不能說此書與管仲無關。細讀全書，有關政治思想往往針對春秋時代背景而發，如蕭公權所舉的例子有四：

(1) 書中所論霸政乃變態之封建政治。

(2) 《管子》每露重視家族宗法之意。

(3)《管子》不廢人治，且重禮教。

(4)《管子》尊君而不廢順民之旨。

這些思想與戰國時代背景有很顯著的差別。所以蕭氏說：「其執筆者或有六國時人，其立論或參入專制天下前夕之觀念，而其思想之大體或非三家分晉，田氏代齊以後所能有。」（《中國政治思想史》頁一九三）

近人以爲法治思想乃戰國末年的潮流，時在春秋中期的管仲不能有，因而斷定《管子》出於僞託。這一說法，有待商榷。《管子》書中所論法治，與戰國時法家的觀念有所不同。以上所指管子重禮教，不廢人治，尊君而順民，重視家族人倫，皆與商、韓等法家思想不同。除此以外，商、韓主張重刑嚴罰，尚農戰，《管子》雖有「刑殺無赦」之旨，只是信賞必罰的強調，並未主張重刑，也不尚農戰。《管子》言勢簡而少，不像愼、韓的精深而且反對尚賢。《管子》言賞罰的重要，但不像申、韓明言用「術」，所以《韓非子．難三》批評管子「言滿室堂」非術家之言。再說，《管子》反復明言君主本人守法的重要，如〈法法篇〉稱：「明君置法以自治，立儀以自正。」「不爲君欲變其令，令尊於君。」〈任法篇〉更謂：「君臣上下貴賤皆從法，此之謂大治。」而商、韓言法，雖責親貴守法，卻使人君的地位超出法之上。這種君主本身守法的觀念，一直要到《淮南子．主術》才再度被重視。而〈任法篇〉所謂六柄：生之、殺之、富之、貧之、貴之、賤之，已爲韓非賞罰的二柄所包括，其先後之迹，明白可見。看了這些例證，所謂

《管子》言法諸篇「晚出於戰國中世法家完成之後」（羅根澤《管子探原》）的話，不能輕信。郭沫若說它出於齊的稷下先生所輯（婁著《管子評議》頁二六五），倒可以作參考。

《管子》一書，有道家思想，有法家思想，有陰陽家思想，也有兵家思想，可見其內容之雜。《漢書・藝文志》列之爲道家，《隋書・經籍志》改列爲法家之首。蕭公權說：「吾人如謂《管子》爲商韓學術之先驅，而非法家開宗之寶典，殆不至於大誤。」（《中國政治思想史》頁一九三）

總之，管仲是法家型的大政治家，《管子》是研究法家思想的重要典籍。

子產

子產，姓公孫，名僑，字子產。因住在東里，又稱爲東里子產。他是鄭成公的少子，鄭穆公的孫子。比管仲晚約一百年，比孔子早約二十年。生年不詳，卒於周景王廿三年（?—522 B. C.）。當時的政壇名人有齊的晏嬰，晉的叔向，吳的季札，宋的向戌，以及鄭的鄧析，子產與他們皆有交往。

鄭簡公十二年，子產始爲卿，廿三年（543 B.C.）因子皮的推薦，當上鄭國宰相。他上任時，正值晉楚爭霸之際。而鄭北接晉，南連楚從晉，楚國不悅；睦楚，晉國問罪，外交難爲。其國中貴族又「族大寵多」，爭殺連連，內政不易。子產的相鄭，眞可謂受命於存亡危難之秋。

然而他博學多能，開誠佈公，以禮法爲政，寬猛並濟，自簡公執政，歷定公、獻公、聲公，凡四十七年。使那「國小而偪」的鄭國，雖介於荊晉兩大國之間，終不被兵革之禍，不愧爲一流的政治家。

子產爲人處事，譽多於毀。他任政一年，人民想殺他。三年後，人民歌誦他說：「我有子弟，子產誨之，我有田疇，子產殖之（助其生產），子產而（如）死，誰其嗣（續）之。」韓非說：「子產爲政五年，國無盜賊，道不拾遺……民無饑也。」（〈外儲說左上〉）管仲相齊桓公，九合諸侯，一匡天下，孔子雖稱說：「如其仁！如其仁！」（《論語・憲問》），但評他「器小」（〈八佾〉）。晏平仲事齊靈公、莊公、景公，以節儉力行重於齊，孔子只稱他「善與人交」（〈公冶長〉）。惟獨對子產以兄長相待，而且讚賞有加。孔子稱他「惠人也！」（〈憲問〉）又說：「子產有君子之道四焉：其行己也恭，其事上也敬，其養民也惠，其使民也義。」（〈公冶長〉）當子產表明政治須要批評，執政者要聽取民意，不可毀鄉校時，孔子說：「人謂『子產不仁。』吾不信也！」（《左傳》襄公卅一年）一聽說子產死了，孔子哭泣着說：「古之遺愛也！」（昭公廿年）太史公也褒揚他「爲人仁，愛人，事君忠厚。」（《史記・鄭世家》）但也有人批評子產，像孟子評他「惠而不知爲政」（《孟子・離婁下》）。韓非在〈顯學〉說他「舉士而求賢智，爲政而期適民。」不可以爲治。在〈難三〉說他「不任典刑之吏，不察參伍之政，不明度量，恃盡聰明勞智慮而以知姦，不亦無術乎！」

從以上的評語來看，子產應該算是儒家人物。但他也有屬於法家的一面。底下從因人情，佈法令，建制度，行公正等項來了解他的法家思想和作風。

第一，因人情：鄭國貴族坐大，時相爭亂，子產任政，首重安內，他先找大臣伯石，用城邑賄賂，要他合作。子大叔問他爲何這樣做，子產說：「無欲實難。皆得其欲，以從其事，而要其成。」得欲而後從事，而後要成，是合乎人性的領導術。不久，「伯石懼而歸邑」，乖乖聽話。（《左傳》襄公卅年）後來的愼到就進一步說明爲政因人情的重要性。他說：「因也者，因人之情也。人莫不自爲也……用人之自爲，不用人之爲我，則莫不可得而用矣。」（〈因循〉）

第二，佈法令：《左傳》昭公六年，「鄭人鑄刑書」。鑄刑書，就是把刑書鑄在鼎上，公告週知的意思。這是中國第一部公佈法，時在西元前五百卅六年。當時晉國大夫叔向曾寫信批評子產，說人民知道刑法，「則不忌於上」，大家就可依據刑法來鈎心鬪角。而且說鄭將因此而亡。子產回答說：「吾以救世也。」可是過了廿五年，晉國也出現了公佈法——刑鼎。當時孔子也公開反對。這是時勢所趨，誰也阻擋不了。依章太炎說：「著書定律爲法家。」（《檢論・原法》）子產能順應時世，公佈刑書，憑這一點，他應屬法家。

第三，建制度：子產相鄭不久，卽着手改革內政。他整理服用（都鄙有章，上下有服），重劃田地（田有封洫，廬井有伍），改革賦稅（作丘賦），不毀鄉校，任國人議政（立謗政），修改法律（制參辟），公佈法律（鑄刑書）等等作法，都在建立政治制度。重制度是法家的特色。

第四，行公正：法家的標誌是秉公而不徇私。子產的作風正是如此。子產的相位，原是子皮推薦讓予的，一般常情，他對子皮應是奉承巴結，唯命是聽才對。但子產絕不徇情。有一次子皮要使尹何當邑宰，子產加以反對，他的理由是尹何太年輕從政，就如「未能操刀而使割也，其傷實力。」應使「學而後入政」（〈襄公卅一年〉）。子產這種秉公不徇私情，正是法家的作風。

綜觀上述，子產是兼具儒法的人物。儒家方面深受孔子的仰慕和讚佩；法家方面，韓非多受其影響。韓非在〈顯學篇〉評子產「無術」，在〈難三篇〉反對他爲政「求賢」、「適民」的作法。但在〈內儲說上〉接受了「必以嚴莅人（治民）」。在〈外儲說左上〉讚美子產的政績之外，也承繼了治強必從內政着手（〈五蠹〉也說：「治強不可責於外，內政之有也。」），小國亦可以有爲的思想。因此可以說，子產雖不是標準的法家，卻是法家的先驅人物。

李悝（李克）

李悝《漢書・藝文志》說他是魏文侯相，《晉書・刑法志》說他是魏文侯師，也許兩者都是。《韓非子》說他以射箭中的與否斷獄，使得上地的人都善於射，因此打敗了秦國。（〈內儲說上〉），又說他小用方術，來鼓勵左右，但反被秦人所敗。（〈外儲說左上〉）從這些故事看來，他是很用機心的人。《呂氏春秋・恃君覽》也載有一段故事說，魏武侯以爲「大夫之慮莫如寡人」，李悝進言道：「諸侯之德，能自爲取師者王，能自爲取友者存，其所擇而莫如己者亡。」

使得武侯頻頻稱善，承認「益知君人之道」。這表示他的善諫。除此之外，他的生平事迹不能詳考。他約生於 455 B.C.，卒於 395 B.C.（錢穆《先秦諸子繫年》）。

《漢書·藝文志》有《李子》三十二篇，列於法家之首，註云：「名悝，相魏文侯，富國強兵」；儒家類有《李克》七篇，註云：「子夏弟子，爲魏文侯相。」李悝又名李克，班固在〈古今人表〉中，誤分爲二人。李悝師事子夏，所以也列於儒家。但由儒入法，是應乎時代的需要，後來的韓非、李斯，出自荀子門下也是很自然的事。《李子》三十二篇及《李克》七篇，已經亡佚。不過關於刑律和農政，在別的文獻裏還可看出一點輪廓來。

《晉書·刑法志》載明李悝「撰次諸國法，著《法經》」，說是商鞅在秦變法的根據，也是秦漢舊律的藍本。《法經》早已失傳，不過六篇名目還見於《唐律疏議》，其篇目爲：盜法、賊法、囚法、捕法、雜法、具法。《法經》是中國第一本成文法典，依照章太炎「著書定律爲法家」（《檢論·原法》）的界說，李悝應該算是先秦法家的鼻祖。

《史記·貨殖列傳》及〈平準書〉皆載：「李克務盡地力」，〈孟荀列傳〉也載「魏有李悝盡地力之教」，這是法家重農思想的開端。其內容在《漢書·食貨志》有較詳細的記載，除規定耕地面積，十一之稅外，最重要的是「平糴」辦法。他認爲「糴甚貴傷民，甚賤傷農」，於是把豐年和饑歲各分上中下三等，豐年時，由政府收購適量的米穀；饑歲時，便將收購的米穀平價發賣。這就是後來均輸、常平倉制度的來源。李悝的這套農業政策，很切實而且惠民，終於使魏國富強。

吳起

一般總把吳起列入兵家，忽略他在法家的地位，其實他是兵、法兩棲的重要人物。先秦載籍，談到兵家時固然是孫、吳對舉；提到法家也是商鞅、吳起並列的。只是他在兵家方面的光輝，掩蓋了他的法家色彩。

吳起，衞國人；一說魏左氏中人。《史記》有傳，但有關身世的記載，語焉不詳。其生年說法不一，卒於楚悼王廿一年，當公元前三八一年。曾子和子夏都當過他的老師。起初他在魯國爲將，曾大破齊師，後來因殺妻不見容於魯，遂投奔魏國。魏文侯用他爲將，擊敗秦兵，拔取五城；又助樂羊將兵，消滅中山，威顯諸侯。於是文侯以他爲西河守，他令民僨表而大獲民心。後來商鞅立木南門，取信於民的作法，是向他學習的（《先秦諸子繫年・商鞅考》）吳起在魏國，除建立汗馬功勞之外，也替魏創下了兵制。魏惠王時，公叔痤出戰獲勝，惠王郊迎，賞田百萬，痤不敢接受，他說勝利的原因，要歸功於「吳起餘教」。那時吳起早已死亡，惠王還「索吳起之後，賜之田二十萬。」（《戰國策・魏策》）可見吳起的餘教，已成了魏國的兵制。《漢書・藝文志》有他的兵書四十八篇，可惜早已亡佚。現存《吳子》六篇是僞書。

吳起在魏國功績彪炳，後來因受猜忌，逃往楚國。楚悼王素知其賢，拜以爲相。他爲相期間，「明法審令，損不急之官，廢公族疏遠者，以撫養戰鬭之士，要在強兵，破馳說之言縱橫者。」（《史記・吳起列傳》）他告誡悼王不可使「大臣太重，封君太衆」，不然就會演成「上逼主而下虐民」，走上國貧兵弱之道。於是建議收封君的爵祿，並下令「貴人往實廣虛之地」（《韓非子・和氏》；《呂覽・貴卒》）。後來商鞅的遷議令者於邊城，就是向他學的。他的作法，很可促使楚國富強，可惜時間太短，僅僅一年，悼王便死了。仇視吳起的「楚之貴戚」也把吳起給射殺了。

吳起爲了明法審令和厲行耕戰的政策，不惜挺身和公族戰鬭，正表現了法家的本色。商鞅在秦變法時，所走的路線正和吳起相同。

商鞅

商鞅爲李悝的學生，與吳起同是衞人。姓公孫，名鞅，秦封之於商，號稱商君。他初事魏相公叔痤，痤卒，惠王不能用，遂西入秦（361 B. C.），遊說秦孝公。孝公用他爲相，行〈商君法〉十八年（《戰國策・秦策》），「道不拾遺，山無盜賊，家給人足，民勇於公戰，怯於私鬭，鄉邑大治。」（《史記・商君傳》）及孝公卒，太子立爲惠文王，仇恨商君的貴族誣告他造反，遂被車裂而死（338 B.C.）。

《商君書》，《漢書・藝文志》著錄廿九篇，今本存廿四篇。惟書中頗有商君死後之事，有人懷疑「書不出鞅手」。不過韓非說：「藏商、管之法者家有之」（〈五蠹〉），司馬遷自稱：「余嘗讀商君〈開塞〉、〈耕戰〉書，與其人行事相類。」可見成書很早，而且有它的眞實性。大抵《商君書》與《管子》相同，也是由傳學的人，掇取商君餘論，編輯成書的。

商鞅初見秦孝公，說以「帝王之道」，不能投合；後改說以「霸道」、「強國之術」，孝公大悅，遂見信用。他告訴孝公：「聖人苟可以強國，不法其故；苟可以利民，不循其禮。」又說：「智者作法，愚者制焉；賢者更禮，不肖者拘焉。」「治世不一道，便國不法古。」（〈商君傳〉）這種不循禮、不法古的論調，就是貴族們排斥他的理由。然而他因事制宜的尙變精神，正表現法家思想能切合時勢的特色。這種適應時代要求的認識，也就是他變法的動力。

商鞅變法，是中國歷史上最成功的一次變法。錢穆認爲他是受了李克、吳起的遺敎。「其變法，令民什伍相收司連坐，此受之於李克之《網經》也；立木南門，此吳起僨表之故智也；開阡陌封疆，此李克盡地力之敎也；遷議令者邊城，此吳起令貴人實廣虛之地之意也。」（〈商鞅考〉）錢氏還說，李悝、吳起、商鞅三人一樣注重農政、法律和兵事。商鞅變法的內容，分載於《韓非子》〈定法〉、〈姦刼弒臣〉、〈和氏〉等篇，而《史記。商君傳》所說的也大抵相同。不過〈和氏〉篇有「燔詩書」一項是本傳沒有的。假定其記載屬實，那焚書的事就不起於秦始皇了。綜觀商鞅變法過程，是以公平的原則，信賞必罰的手段，樹立法律的威嚴，厲行耕戰政策，來達到富國強兵的目的。他的努力已爲秦國奠下了統一天下的基礎。

中國的法治思想雖肇端於管子，但其發展要到商君才算完成。尤其他論行法的方法，遠超出前輩法家的範圍。且舉幾個要點說明於下：一、推廣法律常識。以律令宣示大衆，是刑書刑鼎的用意。《管子》也有布憲施教之說。商君認爲推行法令，先要使天下吏民無不知法，他說「法令明白易知」則「萬民皆知所避就，避禍就福而皆以自治」。且設置法官法吏「以爲天下師」（〈定分〉）解答人民疑問。這是韓非「法莫如顯」，「以吏爲師」（〈五蠹〉）之說的藍本。二、堅守平等原則。商君主張壹刑，「所謂壹刑者，刑無等級。自卿相將軍以至大夫庶人有犯國禁，亂上刑者，罪死不赦。」他深知「法之不行，自上犯之」，故相秦時「內不私貴寵，外不偏疏遠」（〈商君傳〉〈集解〉引〈新序〉），太子犯法，刑其師傅，可謂言行一致。三、以重刑止罪。商君主張輕罪重罰，期能以刑止罪。他說：「行刑重其輕者，輕者不至，重者不來，是謂以刑去刑。」（《韓非子・內儲說上》）又說：「刑重者民不敢犯，故無刑也。」（〈畫策〉）後世法家每多嚴酷，是受他的影響。四、以法律爲言行標準。商君說：「明主愼法制。言不中法者不聽也，行不中法者不高也，事不中法者不爲也。」（〈君臣〉）他認爲法定之後，十二者成羣必削。十二者是：禮、樂、詩、書、孝、弟、修善、誠信、貞廉、仁義、非兵、羞戰。（〈靳令〉）韓非說：「言行而不軌於法令者必禁」（〈問辯〉），是由此導出的。商、韓非禮樂棄仁義，是因爲它制約人的行爲沒有效用。這是基於對人性非善的認識而立論的。所以他們用人不得爲非的法律，來齊一全國的言行。所有這些思想，對後來的韓非都有很大的影響。

使商鞅成功的秦孝公，也值得大家注意。十八年之間，他言聽計從，讓鞅放手去做，不加干涉，實在難得。據說他將死的時候，還有意將王位讓給商鞅，商鞅沒有接受（《戰國策・秦策》）。這種君臣的際遇卻是很儒家的。

申不害

申不害與商鞅同時，比鞅晚死一年（？—337 B.C.）。《史記》說他是京人，故鄭之賤臣。京是鄭國的城邑，故高誘《呂氏春秋注》說：「申不害，鄭之京人。」本傳說他「學術以干韓昭侯，昭侯用爲相，內修政教，外應諸侯，十五年，終申子之身，國治兵強，無侵韓者。」《史記》說他相韓十五年，但錢穆的考定說是十九年（〈申不害考〉）。申不害與商鞅同爲實踐的政治家，是毫無疑問的。商鞅是法治派的代表，他和李悝、吳起是同一路線的；而申不害卻是術治派的領袖。《韓非子・定法篇》就說：「今申不害言術，而公孫鞅爲法。」術起源於黃老，申不害加以發揚光大，後來爲韓非所吸收，《韓非子》一書論術的份量最多，可見申不害對韓非的影響甚鉅。而太史公將老莊申韓四人同傳，表現出他富有思想史的眼光。

《申子書》，司馬遷說有二篇，《漢書・藝文志》著錄六篇，今都不存。《羣書治要》卷卅六所引的〈大體篇〉是申子比較完整的遺文。在這篇文字裏面，可以看出先秦的名辯思想，在他手裏已發展成「帝王南面之術」，那就是綜覈名實。他說：「爲人君者操契以責其名」，因爲名正事定，「以其名聽之，以其名視之，以其名命之」，則萬物之情無所逃之矣。所以他說「名者，天地之網，聖人之符。」還說：「善爲主者，倚於愚，立於不盈，設於不敢，藏於無事，竄端匿跡，示天下無爲。」《呂氏春秋・任數篇》申不害批評韓昭釐侯的話，旨意與此篇略同。申子所論的君人之術，後起的韓非很能得其三昧。韓非給術下的定義是：「術者，因任（能）而授官，循名而責實，操殺生之柄，課羣臣之能者也，此人主之所執也。」（〈定法〉）〈難三篇〉又說：「術者，藏之於胸中，以偶衆端，而潛御羣臣者也。」可見術是君主暗中御用羣臣，來謀求政績的手段。

人君須要用術，是迫於時代背景。戰國之時，諸侯力政，游仕馳說，蠭出並作，爭相取悅時君，而漁權釣勢，君主求才，豈能無術。申子說的很明白：「愼爾言也，人且和汝；愼爾行也，人且隨汝。爾有知現也，人且匿汝；爾無知現也，人且意（猜測）汝。汝有知也，人且臧（匿）汝；汝無知也，人且行汝。故曰：惟無爲可以規之（窺臣子）。」（《韓非子・外儲說右上》）

申子本身也是喜愛玩術的人。《韓非子・定法篇》批評說：「申不害，韓昭侯之佐也。韓者晉之別國也。晉之故法未息，而韓之新法又生；先君之令未收，而後君之令又下。申不害不擅其法，不一其憲令，則姦多。故利在故法前令，則道之；利在新法後令，則道之；利在故新相反，前後相悖，則申不害雖十使昭侯用術，而姦臣猶有所譎其辭矣。」譎辭就是詭辯。法令不統一，姦臣固然可以有詭辯的藉口，但是申不害所以「不擅其法，不一其憲令」，不也正可以便利自己上下其手。《戰國策・韓策》有一段故事，說魏國將攻打趙都邯鄲，申不害不知韓王要幫助那一邊，「恐言而未必中於王」，於是唆使兩個人去試探韓王的心意，申子則「微視王之所悅以言於王，王大悅之。」這個故事也見於《韓非子・內儲說上》，二者合勘，可以看出眞象。「趙令人因申子於韓，請兵將以攻魏。申子欲言之君而恐君之疑己外市（倚靠外國的勢力擡高身價）也，不則恐惡於趙乃令趙紹、韓沓嘗試君之動貌而後言之，內則知昭侯之意，外則有得趙之功。」考之史實，魏伐趙圍邯鄲，是在韓昭侯九年，就在這一年韓侯朝魏於中陽，明年魏以韓師敗諸侯師於襄陵，足見韓是站在魏這邊的。而韓朝魏的事，〈韓策〉說是出於「申不害之計」。由此可知申子本意是想答應趙的請求，又恐怕韓侯疑心他「外市」，於是叫人去試探韓侯，當他看出韓侯傾向魏國時，他馬上改變心意，力勸韓侯執珪朝魏，與魏同盟。他的狡猾形象，不難想見。太史公說他「學術以干韓昭侯」，看人之透，入木三分。

〈外儲說左上〉還有一段故事，可以看出申不害的爲人：

> 韓昭侯謂申子曰：「法度甚不易行也。」申子曰：「法者見功而與賞，因能而授官。今君設法度而聽左右之請，此所以難行也。」昭侯曰：「吾自今以來知行法矣，寡人奚聽矣！」一日，申子請仕其從兄官。昭侯曰：「非所學於子也。聽子之謁，敗子之道乎？亡其用子之謁。」申子辟舍請罪。

這裏表示申不害是個言不顧行的人。話說的很漂亮，做起事來卻是另外一套。法家的「因能授官」是可以「內舉不避親」的。只要申子的從兄有能力，大可力薦，何必遭受拒絕就「辟舍請罪」？他的心虛，表示他的這位從兄一定沒什麼能力，申子才須要循私請謁了。太史公說：「申子卑卑」應該也是針對他的爲人說的。

愼到

愼到，趙國人，曾爲齊國稷下先生。在時代上，班固說：「先於申、韓，申、韓稱之。」高誘《呂氏春秋注》相同。但胡適說：「愼子在申子後。」考《史記・韓世家》，懿侯五年與魏惠王會於宅陽，十二年懿侯卒，子昭侯立，八年，申不害相韓。魏惠王就是梁惠王，莊子與惠王同時人，而韓昭侯則晚一輩，申不害應在莊子之後，所以莊子不曾提到申不害。莊子稱述愼到的思想，愼到必早於莊子。依〈天下篇〉所述愼到的思想看，愼子當在申子之前。在莊子的眼中，愼子還是一個道家人物，他說：「愼到棄知去己，而緣不得已，聆法於物（郭沫若說）以爲道理。……夫無知之物，無建己之患，無用知之累，動靜不離於理，是以終身無毀（原誤作譽）。」《荀子・非十二子篇》卻把他作法家批判：「尙法而無法，下修而好作，上取聽於上（指尊君），下則取從於俗（法合民俗）……不可以經國定分。」〈解蔽篇〉說：「愼子蔽于法而不知賢。」〈天論篇〉也說：「愼子有見於后無見於先。」由此可見，愼到是由道入法的過渡人物。他不曾問政，他是一位法家思想的開拓者。

愼到著的書，《史記・孟荀列傳》說有十二論，發明黃老道德之意；《漢書・藝文志》卻說有四十二篇，列爲法家。不知二者是否相同。鄭樵《通志》說：「《愼子》舊有十卷四十二篇，今亡九卷三十七篇。」陳振孫《直齋書錄解題》也著錄五篇。可見其書至宋僅存五篇。五篇篇目是：〈威德〉、〈因循〉、〈民雜〉、〈德立〉、〈君人〉。初唐魏徵等撰《羣書治要》，尙有《愼子》七篇，多〈知忠〉、〈君臣〉二篇。淸錢熙祚校《愼子》，也依《治要》補列此二篇，合成七篇，書後附佚文。現存《愼子》雖有七篇之名，但每篇僅寥寥數行，只是殘餘的輯本，已非原文可知。不過這些文字所表達的法家理論，仍存有道家思想的影子。

愼到的法治思想，很能把握制度的重要性。他說：「夫投鈎（拈鬮）以分財，投策以分馬，非鈎策爲均也，使得美者不知所以美，得惡者不知所以惡。此所以塞怨望也。」這話說明了客觀公正的法制可以免除「以心裁輕重」的弊害。鈎、策是客觀的，用它喻「法」，說明法的客觀性。有了法律，一切依法執行，沒有人情因素參與干擾，才能公正。受賞者不嫌賞輕；受罰者不嫌罰重。所以客觀的法制可以去除「誅賞予奪從君心出」的人治禍害，可以建立社會的正義，可以「一人心」。所以愼子說：「法制禮籍，所以立公義也」。又說：「法雖不善猶愈於無法」。法爲「無知之物」，法制是「無建己之患，無用知之累」。〈天下篇〉說「愼到棄知去己」，充分表明了他的法治思想。

「因循」就是因人之情，循人之欲。愼子這個觀念爲法家奠下了理論基石。他說：「天道因則大，化則細。因也者，因人之情也。人莫不自爲也。化而使之爲我，則莫可得而用矣……人不得其所以自爲也，則上不取用焉。故用人之自爲，不用人之爲我，則莫不可得而用矣。」好利惡害出於自爲，這是人之情，出於天性。法家用之爲施行賞罰的根據。《商君書・錯法篇》說：「好惡者，賞罰之本也。」《韓非子・八經篇》也說：「人情者有好惡，故賞罰可用。」商鞅厚賞重刑正利用這種好利惡害的自爲心。韓非的人性論就是植基於此。因循的觀念是法家能切事情、有效率的主要原因。這一觀念，《淮南子・主術篇》有很好的發揮。

愼到論勢，使他在法家奠下不移的地位。先秦典籍論勢的如《管子・明法解》：「人主之所以制臣下者，威勢也。」《商君書・禁使篇》：「其勢難匿也，雖跖不爲非焉，故先王貴勢。」《鄧析子・無厚篇》：「勢者君之輿；威者君之策。」《尹文子・大道上》：「勢者，制法之利器，羣下不可妄爲。」這些觀念皆爲韓非所接受，但影響韓非最大的還是愼到的勢論。《韓非子・難勢》引愼子的話說：「飛龍乘雲，騰蛇遊霧。雲罷霧霽而龍蛇與螾螘（蚓蟻）同矣，則失其所乘也。賢人而詘於不肖者，則權輕位卑也。不肖而能服賢者，則權重位尊也。堯爲匹夫，不能治三人；而桀爲天子，能亂天下。吾以此知勢位之足恃，而賢智之不足慕也。夫弩弱而矢高者，激於風也。身不肖而令行者，得助於衆也。堯教於隸屬而民不聽，至於南面而王天下，令則行，禁則止。由此觀之，賢智未足以服衆，而勢位足以任賢者也。」韓非認爲愼子談的是自然之勢，他更由此發揮爲人設之勢，那就是韓非說的「抱法處勢」。勢就是權力。權力是政治學的核心課題。愼到的勢治理論，在中國政治思想發展史上是很重要的觀念。

愼子認爲，設置政治領袖的目的是爲天下人做事。他說：「立天子以爲天下，非立天下以爲天子也。立國君以爲國，非立國以爲君。」（〈威德〉）這種公天下的思想可能受了墨子的影響。《墨子‧尙同中》早就說：「古者上帝鬼神之建國設都立正長也，非高其爵，厚其祿，富貴游佚而措之也，將以爲萬民興利除害，富貧衆寡，安危治亂也。」

韓非

韓非，戰國時韓人。他是韓的諸公子，約生於公元前二八〇年，卒於二三三年。《史記》說他生有口吃，與李斯同爲荀卿的弟子。非曾上書韓王，王不能用，乃觀往者得失之變，發憤作書。秦王見其書大歎說：「嗟呼！寡人得見此人與之游，死不恨矣。」於是秦急攻韓，欲得非，韓王始派韓非使秦說秦王。李斯自認不如韓非，遂從中作梗，後來更與姚賈合謀，害死韓非。法家先進吳起、商鞅，並有顯赫事功，皆不得善終。吳起支解，商君車裂，而韓非也見殺於非命。蔽於儒家標準的人，都說他們「作法自斃」，罪有應得。其實，他們的死乃是由於新舊勢力的角逐，以及沒有合理的權力結構所造成的悲劇。用韓非的話說：「是智法之士與當塗之人不可兩存之仇也。」（〈孤憤〉）

韓非的書，〈漢志〉載五十五篇，與今本相符。〈初見秦〉，見於《戰國策》中，乃是張儀力勸秦王攻打韓國的話。第二篇又是〈存韓〉。一般都因其矛盾，懷疑這兩篇不是非的作品。〈有度〉載荆、齊、燕、魏四國之亡，而韓非卻死在六國滅亡之前，可見這篇有後人加入的部分。其他各篇亦不無可疑之處，但大抵皆與韓非的理路相合，在沒有堅強的反證出現以前，寧可認定是韓非的作品。其中可能也含有後人的增飾。注疏方面，目前有三本較爲精確：陳啓天著《增訂韓非子校釋》，陳奇猷著《韓非子集釋》、梁啓雄著《韓子淺解》。

韓非是先秦諸子晚出的健將，也是法家思想的集大成者。先秦各家學說對韓非都有或深或淺的影響。他憑藉豐富的創發力，對儒、墨、道、名、法各家的思想，有取有舍，也有轉進和發揮，然後建立一個嚴密的政治哲學系統。

韓非政治哲學的殿堂，是靠四塊基石奠立的，它們互爲支持：即一、實證的知識論。二、利己的人性論。三、演化的歷史觀。四、功利的價値觀。韓非在〈顯學〉說：「無參驗而必之者，愚也；弗能必而據之者，誣也。」〈解老篇〉反對「前識」，勸人「必緣理」。未經觀察、實驗便下的斷言，便是前識。緣理也就是參驗。這種實證的知識論，是墨子三表法的路數，荀子重經驗傳統的發揮。荀子在人性中發現了欲，所以用禮去節制欲；韓非在人性中發現了自私，所以用法去行賞罰。禮治與法治雖然有了差別，但它們的作用卻相同。愼子「因人之情」，「人莫不自爲」的觀念，也是韓非人性論的來源。〈八經篇〉說：「凡治天下必因人情，人情者有好惡，故賞罰可用；賞罰可用，則禁令可立，而治道具矣。」法在利用國人的自私心；術卻在防止臣下的自私心。利己的人性論，演化的歷史觀，必然產生功利的價值觀。韓非的價值觀受荀子、墨子的影響非常明顯。《荀子・天論》：「無用之辯，不急之察，棄而不治。」《墨子・兼愛下》說：「用而不可，雖我亦將非之，焉有善而不可用者。」韓非說的更明白，他在〈問辯〉說：「夫言行者，以功用爲之的彀（標準）者也」。不同的是墨、荀的功利在爲人民設想；韓非的功利卻爲君王打算。〈六反〉說：「君上之於民也，有難則用其死，安平則用其力也。」死於戰，力於耕，是君主最大的功利。不利耕戰的「貞信之行」、「微妙之言」、「商管之法」、「孫吳之書」，皆列入禁品。而仁義「害功」，不利政治，已被韓非的價值觀劃出政治學的領域。韓非的歷史觀，來自荀子法後王的啓示，但受自商鞅變古的思想更大。他精熟歷史，發現歷史演變不居，「上古競於道德，中世逐於智謀，當今爭於氣力」。他認爲「世異則事異，事異則備變」，因此在〈五蠹〉說：「聖人不期修古，不法常可，論世之事，因爲之備。」這種權變精神，正是他主張「法與時移」（〈心度〉）的根據。

法家三派：愼到重勢，商鞅重法，申不害重術。韓非集其大成。他的「集」不是無條件的接受，而是批判、修正後的選擇和融貫，重新建構一個有系統的法家哲學。商君明法令、必賞罰、厲耕戰，以富國強兵的變法精神，爲韓非所接受，但〈定法篇〉有兩點批評：商鞅之法以斬首之功爲官，是「不當其能」，此其一。有法無術，則國家的富強只是「資人臣」而已，此其二。術，源於道家，申不害擅其用，韓非是他的衣缽傳人。《史記》把老莊申韓同傳，是很有眼光的。不過〈定法〉也有兩點批評申子：第一，言術未盡。像「治不踰官，雖知不言」的話，下半句錯了。因爲明主是拿全國人當耳目，「今知而弗言，則人主尙安假借矣？」第二，有術無法，則姦臣猶有所「譎其辭矣」。譎其辭，是指詭辯的藉口。戰國之時，君權日漸擴張，愼到給予理論化，倡勢治以尊君。韓非曾寫〈難勢〉一文爲他辯護。愼子談的是自然之勢，韓非進而談人設之勢。所謂自然之勢，是因繼承得來的權位。它不是一人可以設置的。所以賢人得勢，壞人不能亂；壞人得勢，賢人不能治。「人設之勢」，是國君透過任法運術所產生的威勢。那是用人爲的力量可以安排的。所以韓非說：「抱法處勢則治」，這種勢中才就可勝任，不必「待賢」。人設之勢是針對儒家「人存政舉，人亡政息」的尙賢弊病而設計的。

韓非將勢、法、術三者相提並論，同視爲「帝王之具」。重勢尊君；任法治國；用術御臣。人君處勢，所以行法運術；反之行法運術亦所以鞏固君勢。用術爲了行法；行法所以固術。勢爲君之體，法術爲君之用。運用得宜，國治君安。

韓非的哲學，忽視仁愛的價值，主張極權政治，扼殺言論、學術自由，與那爲達目的不擇手段的術，對後世產生許多不良的影響。但他的實證態度，權變思想，實力政治及法治精神，卻散發着卓絕的智慧之光。

第二章　法家主要觀念與術語

參驗與意度

「參驗」，是韓非的知識方法。「意度」則爲韓非反對的思考方式。〈解老篇〉說：

> 先物行，先理動，之謂前識。前識者，無緣（理）而忘（通妄）意度也。

《爾雅・釋詁》：「行，言也。」《易虞注》，「動，發也。」所謂「先物行，先理動」，是說未經過實物觀察，或物理試驗，便預先對該「物」、「理」發出自以爲「認識」之言。這種「認識」，老子稱之爲「前識」。前識，乃是不遵循認識過程，而胡亂猜測的話。所以韓非說前識是「愚之首」。因爲前識是不合事理（無緣理）的臆測，如果依此行事，必然敗事，所以才說前識是愚蠢的起頭。〈解老篇〉接着主張：

> 必緣理，不徑絕。

《荀子・修身》注：「徑，捷速也。」《廣雅・釋詁》：「絕，斷也。」所謂徑絕，是不經認識過程就直捷的下判斷。也就是上文的「無緣而妄意度」。所謂緣理，是後物行後理動，是經過實物觀察或物理實驗後的斷言。這種程序，就是韓非說的「參驗」。參驗，就是檢驗或驗證。可見緣理是參驗的；徑絕是意度的。參驗是客觀的事物檢證；意度是主觀的己心猜想。二者正好代表不同的心態，和相反的知識方法。

韓非用參驗的方法，去認識事物的眞相，去批判先秦各家的思想，去建立他政治哲學的基本觀點。〈顯學篇〉說：「夫視鍛錫而察青黃，區冶不能以必劍；水擊鵠雁，陸斷駒馬，則臧獲不疑鈍利。發齒吻，相形容，伯樂不能以必馬；授車就駕而觀其末塗，則臧獲不疑駑良。觀容服，聽辭言，仲尼不能以必士；試之官職，課其功伐，則庸人不疑於愚智。」這段話可以看出韓非用參驗的方法，去分辨事實的眞象，表現了他實證的精神。

〈顯學篇〉說：「孔子、墨子俱道堯舜，而取舍不同，皆自謂眞堯舜，堯舜不復生，將誰使定儒、墨之誠乎？……不能定儒、墨之眞，今乃欲審堯舜之道於三千歲之前，意者其不可必乎？無參驗而必之者，愚也。弗能必而據之者，誣也。故明據先王，必定堯舜者，非愚則誣也。」「無參驗而必之者」，就是前面說的「無緣而妄意度」。這是從參驗的方法，批判儒墨爲「愚誣之學」。他批評五蠹（見「五蠹」條）也是用這個方法。

韓非用參驗的方法，發現人類的自爲心，建立了利己的人性論；發現歷史演變不居，「世異則事異，事異則備變」，因而「不期循古，不法常可」，主張「論世之事，因爲之備」的演化史觀。有了參驗的心態，自然注重事物的功效。人性自私，世事多變的啓示，自然傾向功利。這是韓非功利價值觀的來由。以上是韓非學說的基本觀點；而參驗的知識方法，卻是基本中的基本。

（參看：「參伍」條）

性惡與自為心

荀子一向被認爲是儒家到法家的關鍵性人物。他是性惡論的創始人。有人認爲韓非師承荀子，同樣主張性惡；也有人認爲「韓非並不承受荀子思想」。韓非是荀子的學生，在那拜師受業的先秦時代，很難說他完全不受業師的啓示或影響。考察他們的著作，是有所同，也有所異。除荀子之外，由道家入法家的愼到對韓非的人性論也有很大的影響。

荀子認爲人類的本性天生自然，不憑學習。他說：「凡性者，天之就也，不可學，不可事。」（〈性惡〉）韓非也說：「性命者，非所學於人也。」（〈顯學〉）荀子還認爲人人具有相同的天性，不因聖人、凡人，君子、小人而有所分別。韓非也持相同的看法。如荀子說：「凡人有所一同，飢而欲食，寒而欲煖，勞而欲息，好利而惡害，是人之所生而有也，是無待而然者也，是禹桀之所同也。」（〈榮辱〉）韓非也說：「好利惡害，夫人之所有也。」「人情皆喜貴而惡賤」（〈難三〉）。除此之外，荀、韓同樣的都從經驗層面去觀察人類的生理需要和行爲表現。

荀子說的性情與知慮，同爲心理作用的成分，二者不互相涵攝。卽性中無知，知中無性（〈正名〉）。韓非受愼到的影響，說人「皆挾自爲心」（〈外儲說左上〉）自爲是情，情屬於性，

《荀子・正名篇》就說：「情者，性之質也。」可見「自爲心」是從性情說的。韓非在〈五蠹篇〉說：「夫智，性也。」知的作用切合事情，才是智。智的主體在心，智又屬於性。可見韓非說的心、性爲一，而且性中涵智。這是荀、韓人性論根本不同的地方。

荀子將性情與知慮劃分爲二，人類縱性情、任貪欲，流於爭亂，是在理智的知慮之外，所以荀子主張性惡，可以說是他理論上的必然。他在〈性惡篇〉說，人性天生有好利、疾惡、耳目等等欲望，〈正名篇〉說：「欲者，情之應也。」可見欲是應情而生的，情是本於性，所以性中自然有欲的作用，因此「從人之性，順人之情，必出於爭奪」，而終「歸於暴」。這種「暴」是「縱性情，安恣睢」，不經知慮作用的結果。他結論說：「人之性惡明矣。」性情天生，是自然的本能，生存所需，無所謂善惡。荀子不從性本身說善惡，而是從性的發展下評價，也可以說是從行爲的結果分善惡。所以胡適說：「荀子雖說性惡，其實是說性可善可惡。」（《中國古代哲學史》十一篇）陳大齊更明白的說：「荀子的性惡說祇是人性向惡說而已。」（《荀子學說》四章二節）

荀子從縱性情不知節制的行爲結果說性惡。韓非卻上溯到心性本身說人性「自爲」。自爲心，是自我打算之心。人存自爲心，必然是自私自利。其實自爲自利，也是一種自然的本能。但是人的心智運用，只是爲了自我的私利打算，別無其他，這應該說是人性本惡；雖然韓非沒有直接下善惡的評斷。根據韓非的觀察，人人自爲，各圖己利，人際關係，唯有「利害」相算計。

〈六反篇〉說：「父母之於子也，產男則相賀，產女則殺之。此俱出父母之懷衽，然男子受賀，女子殺之者，慮其後便，計之長利也。故父母之於子也，猶用計算之心以相待，而況無父子之澤乎！」〈外儲說左上篇〉也說：「人爲嬰兒也，父母養之簡，子長而怨，子盛壯成人，其供養薄，父母怒而誚之。子父至親也，而或譙（譙誚同爲一字，責也。）或怨者，皆挾相爲而不周於爲己也（都因爲抱着別人應該爲我打算的心理，但總認爲別人待我還不夠好）。」父子至親，都拿利害相算計，其他人倫如夫婦、兄弟、君臣之間豈能例外。至於常人往來，唯利是圖，更不在話下。〈備內篇〉說：「醫善吮人之傷，含人之血，非骨肉之親也，利所加也。故輿人成輿，則欲人之富貴，匠人成棺，則欲人之夭死也。非輿人仁而匠人賊也，人不貴則輿不售；人不死則棺不買。情非憎人也，利在人之死也。」這些都是經驗的事實，人性的眞象。

荀子認爲人性向惡，但可因教化而爲善。所以他說：「人之性惡，其善者僞也。」（〈性惡〉）「僞」意指人爲，不指虛僞。人爲的努力，可使向惡的性變化爲善。人爲的努力是什麼呢？就是荀子說的「師法之化，禮義之道」。師法、禮義皆出於後天的人爲，這是可學可事的，也是與情並立的知慮作用的結果。荀子把性情與知慮分開，就是要用理智的知慮去節制盲目的性情。要用可學可事的禮義，去化治不可學不可事的天性。所以他說：「化性起僞。」

荀子發現人性貪欲，想用禮義去節制；韓非發現人性自私，卻以賞罰加以利用。這是荀、韓人性論最大的差別。在這裏韓非是遠離了荀子，接受愼到和商鞅的影響。《愼子．因循篇》說：

「人莫不自爲也，化而使之爲我，則莫可得而用矣。……故用人之自爲，不用人之爲我，則莫不可得而用矣。」《商君書．錯法篇》說：「好惡者，賞罰之本也。」這些觀念都爲韓非所承受。他在〈八經篇〉說：「凡治天下，必因人情。人情有好惡，故賞罰可用，賞罰可用，則禁令可立，而治道具矣。」〈顯學篇〉說：「治國不恃人之爲善也，而用其不得爲非。……故不務德而務法。」人皆挾自爲心，鮮能爲善，所以說「不恃人之爲善」，法有賞罰作後盾，使你不得不守法，所以說「用其不得爲非」。守法有賞，是利；違法受罰，是害。人情好利惡害，人人本於自爲心，自然守法盡職。守法盡職，個人受賞有利，君國有治績也有利。在這裏公利和私利相接而兩存。人性自爲自利，反而成爲國家富強的資本。所以韓非說法治是「使人不得不爲我之道」。（〈姦刼弑臣〉）

荀、韓從經驗的層面考察人性，使人能客觀的理解人性的內容。荀子主張性向惡，爲了強調教化的功能，顯示人類學習、奮鬪的意義。韓非利用「好利惡害」的自爲心，做爲立法施政的根據，頗合於心理學的效果律(Law of effect)，可提高政治的功能。但荀子說的性惡，韓非說的自爲心，都是人性的一偏，並非人性的全體。韓非卻以「好利惡害」爲人類行爲唯一的動因，主張治國「設利害之道，以示天下而已矣。」（〈姦刼弑臣〉）施政如此，就難免「慘礉少恩」，塗炭生民了。

現代政治學家牟根索 (H. Morgenthau) 說：「一切政治現象，都受人性的影響，所以了解人性，乃是了解有關政治各種客觀法則的唯一途徑。」(*Politics among Nations*) 不過人性比生理機能還要複雜，今後探討人性，應從多方面進行，要借重現代行為科學研究的成果，尤其是心理分析學。另外人類學、民俗學、宗教等對人性也有許多深刻的討論，可資參考。

變與常

春秋到戰國，是中國歷史上一個變的時代。整個政治、經濟、社會的結構，全面發生動搖。先秦各家皆感受到這種變遷的危機，紛紛提出他們的方策，想醫治時代的病痛。但其中只有法家能跳出托古、復古的樊籠，把握時代的問題，提出有效的辦法，因而奠立了中國統一的政局。

變與常，代表兩種不同而相對的觀念。變古與法古的爭辯，就是前者堅持「變」，後者堅持「常」。依《商君書．更法篇》的記載，主張變古的商鞅，與主張法古的甘龍、杜摯，在秦孝公面前有一場辯論，結果變古派獲勝。孝公採用了商鞅的變法建議。這一場辯論改變了中國的歷史，秦國因此奠下了統一六國的實力。

商鞅觀察歷史是「湯、武之王也，不脩古而興；殷、夏之滅也，不易禮而亡。」「三代不同禮而王，五霸不同法而霸。」所以他說：「禮法以時而定，制令各順其宜」「治世不一道，便國不法古。」（〈更法〉）這是因為他深切了解「世事變而行道異」（〈開塞〉）的道理。除商鞅外，早期法家也有變法的思想。《管子．任法篇》說：「國更立法以典民則祥。……故曰，法者不可恒也。」《愼子》逸文有「治國無其法則亂，守法而不變則衰……以道變法者，君長也。」這些觀念對後起的韓非有很大的啓示和引導。

韓非對歷史有更深刻的考察，他看出歷史有三個階段：「上古競於道德，中世逐於智謀，當今爭於氣力。」（〈五蠹〉）他不道「上古之傳譽，先王之成功。」（〈顯學〉）歸納他反對復古的理由有三點：第一，先王之道，歷史久遠，無法確定。他在〈顯學篇〉說：「孔子、墨子俱道堯舜，而取舍不同，皆自謂眞堯舜，堯舜不能復生，將誰使定儒、墨之誠乎？殷、周七百餘歲，虞、夏二千餘歲，而不能定儒、墨之眞，今乃欲審堯舜之道於三千歲之前，意者其不可必乎。」第二，歷史記載，往往乖謬失實，牽強附會。他在〈外儲說左上篇〉說：「先王之言，有其所爲小，而世意之大者；有其所爲大，而世意之小者，未可必知也。」如先王有郢書，後世多燕說之類，如何使人相信。第三，時代不同，需要各異。文王行仁義而王天下；徐偃王行仁義卻割地喪國。同樣是仁義，行於古者稱王，行於今者滅亡。所以他說：「古今異俗，新故異備」，「世異則事異，事異則備變」（〈五蠹〉）。基於這些理由，韓非對於儒、墨拿「先王之政，治當世之民」的托古作法，加以抨擊。他在〈五蠹篇〉說：「宋人有耕者，田中有株，兎走觸株，折頸而死，因釋其耒而守株，冀復得兎，兎不可復得，而身爲宋國笑，今欲以先王之政，治當世之民，皆守株之類也。」在〈外儲說左上篇〉，他又舉鄭人買履的故事來挖苦他們。故事說有個鄭人想買一雙履，他先量好自己腳的大小，就到街上去，卻把尺寸放在家裏。等他拿起履，才知道忘了帶尺寸，急忙回家拿。等尺寸拿來，市集早已收攤了，結果沒買到履。人家問他：「你何不當場用腳試穿？」他卻回答：「我寧可相信尺寸，不相信腳。」這些不知變古的作法，韓非認爲是「襲亂之迹」（〈南面〉）。

韓非在〈南面篇〉爲變古舉出歷史的證據。他說：「伊尹毋變殷，太公毋變周，則湯武不王矣。管仲毋易齊，郭偃毋更晉，則桓文不霸矣。」這說明了王霸是由變古而來的成果。值得注意的是韓非不是一味變古。他說：「不知治者必曰：『無變古，毋易常』，變與不變，聖人不聽，正治而已。然則古之無變，常之毋易，在常、古之可與不可。」變與不變的標準在「可與不可」，這就要看事實的需要，和理智的決定了。

韓非深知歷史演化不居，「治與世宜則有功。」（〈心度〉）爲政要因時稱事，以變應變，所以他在有名的〈五蠹篇〉說：「聖人不期修古，不法常可，論世之事，因爲之備。」這種因時適事的精神，才是韓非眞正的歷史觀。

有了演化的史觀，自然產生變法的思想。商鞅如此，韓非也不例外。韓非在〈心度篇〉說：「時移而法不易者亂；世變而禁不變者削。故聖人之治民也，法與時移，而禁與世變。」法律固然須要適合時代，因應民情，加以變革，但也不能朝令夕改，廢置無度，〈解老篇〉說：「法令更則利害易，利害易則民務變，……治大國而數變法，則民苦之。」〈亡徵篇〉更說：「法禁變易，號令數下者，可亡也。」這也就是他批評申不害佐韓的情形。韓非知道法禁與時世轉移的重要性，也認爲法令必須穩定而統一。所以他在〈五蠹篇〉說：「法莫如一而固，使民易知之。」可見變法的精神與法律的穩定性並不衝突。

法家由演化史觀引發出來的權變精神，非常有價值。權變的精神，是一種適應能力。知道權變的，適應力強；反之，則適應力弱。可以說權變精神，是社會文化進步的動因。面對「知識爆發」及工業文明的巨變情形，更顯出權變精神的意義。

功利與仁義

在先秦諸子之中，思考實際的政治問題，以韓非爲代表的法家思想，最富現實主義的色彩。而他的理論所以富有現實主義色彩，是基於功利的價值觀。他的價值觀，與他的知識論、人性論、歷史觀之間，關係密切，互有影響。從經驗的、客觀的角度，透過敏銳的觀察力，他發現人性普遍貪婪自私，好利惡害；而歷史變遷不定，只有因時應事才能生存。爲了滿足人性的需求，適應時代的潮流，達成預期的目標，韓非認爲一個明主爲政，不能不拿「功利」當作權衡的標準。

諸子當中，除韓非之外，墨子的價值觀也是功利的，但是他們的目標不同。墨子的目標是「與天下之利，除天下之害」，對象是芸芸衆生，天下萬民。而韓非不然，他是以鞏固君權爲目標，以君王的功利爲功利。墨子爲百姓請命；韓非卻替君王設想。那是因爲前者出身賤民；後者是韓國的公子。這可從知識社會學 (sociology of knowledge) 得到解釋。

韓非的價值觀是講「功用」、求實效的。他在〈問辯篇〉明白的提出以「功用」爲言論、行爲的標準。他說：「夫言行者，以功用爲之的彀者也。今聽言觀行，不以功用爲之的彀，言雖至察，行雖至堅，則妄發之說也。」〈顯學篇〉也說：「明主舉實事，去無用，不道仁義者（之）故（事），不聽學者之言。」因此韓非認爲賢明的君主在聽取臣下的建議，觀察臣下的行事時，要以「功用」責求他們的成果（〈六反〉）。「功用」是經驗的、客觀的、可以實證的。但享受「功用」的是君王而不是百姓，〈八經篇〉就說：「大臣有行則尊君，百姓有功則利上。」又說：「明主之道，賞必出乎公利，名必在乎爲上。」所謂「功用」也好，「公利」也罷，說的都是君王之利。那麼君王的功利又是什麼？當然是保住權勢。要保住權勢就得富國強兵，富國強兵的辦法就是農、戰，而農戰全賴人民效命。所以〈六反篇〉說：「君上之於民也，有難則用其死，安平則用其力。」用力耕作，效死戰場的，才合乎君王的功利。其他各家學術，及耕戰以外的行爲，都不合於君王的功利，咸遭禁止。就連「商管之法」、「孫吳之書」不利耕戰，也被視作「無用」的禁品。

韓非基於實效功利的價值觀，主張「務法」（〈顯學〉），反對儒家提倡的仁義道德。他反對仁義道德，並非以仁義道德爲不善，他的理由：第一、人性自私，「貴仁者寡，能義者難」（〈五蠹〉）。第二、仁義道德對政治沒有益處，反而有害。這方面的言論很多，如〈顯學篇〉

說：「言先王之仁義，無益於治……故明主急其助（賞罰）而緩其頌，故不道仁義。」「德厚之不足以止亂。」〈說疑篇〉說：「今世皆曰：尊主安國者，必以仁義智能，而不知卑主危國者之必以仁義智能也。故有道之主，遠仁義，去智能，服之以法。」〈外儲說左上篇〉更明白的說：「夫慕仁義而弱亂者，三晉也，不慕而治強者，秦也，然而未帝者，治未畢也。」第三、仁義在「爭氣力」的時代是不合時宜。韓非說「上古競於道德，中世逐於智謀，當今爭於氣力。」（〈五蠹〉）他認爲先王行仁義是「已治之功」，不是「今之所以爲治」（〈顯學〉）所以他在〈五蠹篇〉批評儒墨「欲以寬緩之政，治急世之民，猶無轡策而御馹馬」是不智的。

韓非爲了達成君王的功利，主張「無書簡之文，以法爲教；無先王之語，以吏爲師。」（〈五蠹〉）這種箝制學術自由發展，扼殺文化生機的反智理論，實爲他哲學的大病根。至於他用實效的標準，置道德於政治之外，劃分實際政治與理想政治的不同，這是他在政治哲學上的貢獻。

尚賢與任勢

儒家提倡德治、仁政，言稱堯、舜，崇尚聖賢。墨家的政治思想也是主張仁人在位，有尚賢之論。法家則反對儒墨的看法，以爲賢德無效，主張任勢用法才能使國家治強。

前輩法家之中，愼到首倡尚賢不如任勢的主張，因而被視爲勢治派的代表。他的觀念被韓非所吸收，韓非曾寫一篇〈難勢〉爲他辯護，而且有更進一步的發揮。愼到說：「賢人而屈於不肖者，權輕位卑也；不肖而能服賢者，則權重位尊也。堯爲匹夫，不能治三人……至於南面而王天下，令則行，禁則止。由此觀之，賢智未足以服衆，而勢位足以屈賢者也。」（〈難勢〉）「勢位」就是權位，包括權力和地位。堯沒有勢位，不能治三人，有了勢位，則令行禁止。這是從客觀的實效性反對尙賢。韓非基於這個理由也說：「夫有材而無勢，雖賢而不能制不肖。……桀爲天子，能制天下，非賢也，勢重也；堯爲匹夫，不能正三家，非不肖也，位卑也。……不肖之制賢也以勢。」（〈功名〉）「以義則仲尼不服於哀公，乘勢則哀公臣仲尼。」（〈五蠹〉）「無威嚴之勢，賞罰之法，雖堯、舜不能以爲治。」（〈姦刼弑臣〉）

韓非承受愼到以無效的觀點反對尙賢，除此之外，他還有三點反對的理由：一、人性自利難能敎化；二、德治不合時宜；三、聖賢難求。根據韓非的考察，人性好利惡害，寡仁難義，「服於勢」，「聽於威」，所以他在〈顯學篇〉說：「威勢之可以禁暴，而德厚之不足以止亂也。」〈五蠹篇〉說：「父母之愛，不足以敎子，必待州部之嚴刑」，〈八說篇〉說：「母不能以愛存家，君安能以愛持國？」從他的人性論出發，仁義只是偶然之善，不能治國。依照他對歷史的考察，德治只能用於少事不爭的上古之世，不能用於多事爭氣力的當今之時。因此他認爲儒墨的尙賢崇德不合時代需要。這在〈五蠹〉、〈顯學〉兩篇有很好的發揮。而且韓非認爲像堯、舜一樣的聖賢，千世一出，少而難求，不能等待。基於這些理由，韓非反對尙賢、務德，主張任勢用法運術以治國。

愼到注意到勢位的重要，韓非接受這個觀念，更進一步劃分「自然之勢」與「人設之勢」的區別，並且宣稱，他提倡的勢就是「人設之勢」。

所謂自然之勢，是指生而在上位所獲得的權位。這種權位是因繼承而得的，不是人力可隨意設置的。權位是固定的，但權位的繼承人有賢有暴，因此問題就出在繼承人上。賢人得勢，則暴人不能作亂；反之，暴人得勢，則賢人也不能救治。所以韓非說「自然之勢」是「勢治者則不可亂，而勢亂者則不可治也。」（〈難勢〉）「勢治」或「勢亂」完全決定在繼承人的賢與不賢。但繼承人的賢與不賢是天生自然，不是人力所能安排的，而且權位是靠繼承而取得，也不是一人可以設立的。可見「勢治」只能「待賢」，也可以說是碰運氣。這就是韓非不談「自然之勢」，而強調「人設之勢」的根本理由。

韓非說的「人設之勢」，就是「抱法處勢」。「抱法處勢」，是人君透過法律制度，利用賞罰來行使政治權力。「人設之勢」着重權力的運用。這種權力是在固定的法制之下，借「慶賞之勸」，「刑罰之威」來運作的。它有方法可循，有制度可按，中才之君便可勝任，不必待賢來治國。所以韓非說：「夫堯、舜、桀、紂千世而一出……世之治者不絕於中，吾所以爲言勢者，中也。中者，上不及堯舜，而下亦不爲桀紂，抱法處勢則治，背法去勢則亂。今廢勢背法而待堯舜，堯舜至乃治，是千世亂而一治也；抱法處勢而待桀紂，桀紂至乃亂，是千世治而一亂也。且夫治千而亂一，與治一而亂千也，是猶乘驥駬而分馳也，相去亦遠矣。」（〈難勢〉）從經驗考察，暴君賢君都少有，所以說「千世一出」。一般的統治者多是中才之人，在人力無可如何的帝位傳襲下，抱法處勢可使中君治國，解決待賢問題，轉「治一亂千」爲「治千亂一」。可見韓非的人設之勢，是針對儒家「人存政舉，人亡政息」的弊病而設想的。

韓非的勢論有幾點值得注意：

1. 權力形態的多樣性。因不同的表現方式，有不同形態的權力。如政治權力、經濟權力、赤裸權力等等。〈難勢篇〉說：「夫勢者，名一而變無數者也。」

2. 權力是中性的，因不同的使用，而有不同的結果。〈難勢篇〉說：「夫勢者，非能必使賢者用己，而不肖者不用己也。賢者用之則天下治；不肖者用之則天下亂……夫勢者，便治而利亂者也。」權力可以「便治」，也可以「利亂」，這說明權力是中性的。

3. 權力必須限制在法制之下運行。韓非爲了尊君，主張君主集權一身，他說「明主操權而上重」（〈心度〉），「權勢不可以借人」（〈內儲說下〉）。但他也了解不肖人乘勢，等於爲虎添翼，光說「勢」就足以治天下的理論是淺薄的。所以他認爲，使用權力必須受限於法的範圍之內。這樣的權力才能「便治」，否則就是「利亂」。他在〈大體篇〉說：「古之全大體者，不引繩（法）之外，不推繩之內。不急法之外，不緩法之內。」「引外」、「推內」；「急外」、「緩內」，皆是違法循私，容易類推援引，失入失出。〈有度篇〉：「明主使其羣臣，不遊意於法之外，不爲惠於法之內，動無非法。」所謂「動無非法」，就是〈難二篇〉說的「遇（合）於法則行，不遇法則止。」〈大體篇〉說：「使人無離法之罪」從這些話可以看出一切行事都要以法爲標準，不能離開法而另作主張。「抱法處勢則治」，法是任勢的標準，而勢是行法的後盾。勢在法的範圍內運作，這樣就可以「治」。因此可以肯定的說，韓非是有意置權力於法制的軌道上運行，一方面使中君能治國，另一方面也用來防止權力的濫用。這正是他「人設之勢」的精義所在，但他的理論，立法權、行政權操在君王手中，其防止權力濫用的用心，終歸白費。

禮與法

早在西周，禮已用來維持封建政治的秩序，以及宗法社會人際間的關係。而法是用來治理百姓小人的。就如《荀子‧富國篇》說的：「由士以上，則必以禮樂節之；衆庶百姓，則必以法數制之。」袁準〈治亂篇〉也說：「夫禮者，所以正君子也；法者，所以治小人也。……爲國而不以禮，則君子不讓，制民而不以法，則小人不懼。」（《羣書治要》）但春秋以降，禮已成爲虛文，失去節制的作用。孔子才慨歎道：「禮云禮云，玉帛云乎哉！」（《論語‧陽貨》）又說：「人而不仁，如禮何？」（〈八佾〉）仁心是禮的根據，孔子提倡仁學就是想從根本挽救人心的僵化與墮落，重建周禮在政治、社會的功能。戰國時的孟、荀也都在這個方向上作努力，但績效不彰。因爲由春秋到戰國，諸侯兼併，封建解體，新政權成立；農業制度破壞，商業繁榮，城市興起；信仰失準，道德泯滅，整個政治、經濟、社會發生鉅變，面對這種變化而複雜的情況，傳統的禮制已無法「經國家，定社稷，序人民」（《左傳》隱公十一年）。於是法家紛紛反對「法故」、「循禮」，提出任法治國的主張。可見法治思想是爲了適應新時代的需要而產生的。另外，法家多出於衞、鄭、晉，以及由晉分出的韓、趙、魏，而這些國家都是商業發達的社會，由此顯示，法治思想的產生與商業經濟的關係，是很值得注意的。

禮與法，有其異，也有其同。二者皆是行爲的規範，治道的工具。其來源都要合乎義、理，合乎時宜、人心。《管子・心術篇》說：「禮出乎義，義出乎理，理因乎宜者也。法者，所以同出，不得不然者也。」所謂「因乎宜」，是宜於事，宜於時，最後宜於人心的需要。禮法同出，但法有強制性，所以說「不得不然」，此爲禮所不具，是爲二者之異。禮無強制性，所以說是「適然之善」；法有強制性，所以說是「必然之道」（《韓非子・顯學》）。禮與法在「正國」、「整民」之上，效力不同，其境界也不同。孔子說：「道之以政，齊之以刑，民免而無恥；道之以德，齊之以禮，有恥且格。」有恥無恥，表示境界的高低。而階級性與平等性，是禮與法最大的差別。禮強調「別」，在於別貴賤，分親疏。法注重「齊」，在於打破貴賤，不分親疏，韓非說：「設法度以齊民」（〈八經〉）。儒家的禮用以別貴賤親疏，固然有階級性，其用法治小民也是階級性，所謂「禮不下庶人，刑不上大夫」便是。法家的法就是要打破這種階級性，《管子・任法篇》說：「君臣上下貴賤皆從法」，《韓非子・有度篇》說：「刑過不避大臣，賞善不遺匹夫。」〈主道篇〉說：「誠有功，則雖疏賤必賞；誠有過，則雖近愛必誅。」法的平等性，是法家比儒家進步的地方。另外法的客觀性爲禮所不具。

法家重法抑禮；儒家堅守傳統的禮制，但不反對用法。只是儒家重禮輕法，以爲法生於禮，禮爲治之本，法爲治之末，法僅用來輔助禮的不足。儒家對禮與法的態度，使得禮與法之間不發生嚴重的衝突；而法家也不能改變禮在文化上的地位。後來「禮禁未然之前，法施已然之後」的觀念在漢朝普遍流行(見《大戴禮・禮察》、賈誼〈陳政事疏〉、《史記・太史公自序》等文)。因此禮治爲主，法治爲輔的禮教的法律觀，遂成爲漢以後中國的政治思想。這種思想，使得後世的法律中仍然存有禮教的影子。

法家所說的「法」，固然涵有現代法律的一些性質，如法的成文、公布性、客觀性、公平性以及強制性。但立法者是國君：《管子・任法篇》說：「夫生法者，君也。」國君的權力並無有效的制衡，爲了方便統治，他可以恣意立法。因此法家的法治思想，只是專制的利器，與現代的法律觀念，迥然不同。現代的法治思想，是用法律限制政府的權力；同時用法律保障人民的權利。這種民主的法治思想，是傳統中國向來沒有的。

無離法之罪

無離法之罪，語出《韓非子・大體篇》。韓非說：「使人無離法之罪，魚無失水之禍。」「無離法之罪」正等於「無法律則無犯罪，無法律則無刑罰」(Nullum crimen, nulla poenu sine lege）就是現代法律思想中的罪刑法定主義。

「罪刑法定主義」是現代民主國家法律政策的基本精神。所謂罪刑法定主義，即罪、刑須由法律規定，法無明文則不爲罪，法無規定則無刑罰。如此法律才能保障人權。中華民國刑法（一九三五）第一條：「行爲之處罰，以行爲時法律有明文規定者爲限。」就是根據此一主義制定的。

罪刑法定主義，可分思想和制度兩方面來了解。罪刑法定主義在思想上，根據周治平的看法，西洋最早出現於一二一五年英國《大憲章》（《刑法總論》）；而罪刑法定主義成爲一種制度，則始於一七八九年法國的《人權宣言》（Declaration of the Right of Man）。《人權宣言》特別強調不得「無法律加人罪名及處罰人」，並且禁止法的「溯及既往」。此後，罪刑法定主義的刑事政策，相繼爲各國所採用。

中國歷史上，從未實施罪刑法定主義的制度。但罪刑法定主義的思想，確實出現在法家的典籍之中。《管子．法法篇》說：「令未布而民或爲之，而賞從之，則是上妄予也。」又說：「令未布而罰及之，則是上妄誅也。」「令未布」就是無法律。無法律而行賞罰，所以說「妄予」、「妄誅」。〈法法篇〉的話，已表現了罪刑法定主義的有公佈的成文法及「不溯及既往」兩項原則。韓非說：「法者編著之圖籍，設之於官府，而布之於百姓者也。」（〈難三篇〉）這是公佈的成文法。它的功用如商鞅說的：「天下之吏民，無不知法者，吏明知民知法令也，故吏不敢以非法遇民。……萬民皆知所避就。」（〈定分〉）而《韓非子．大體篇》說的：「使人無離法之罪」，正是「無法律則無犯罪，無法律則無刑罰」。

罪刑法定主義還有一項重要原則，就是「禁止適用類推解釋」。觸犯何罪，便處以何刑，設法無明文規定，就不能用「想當然耳」來類推解釋，比附援引，故入人罪。法家早有此種思想。《愼子》佚文及〈大體篇〉都說：「古文全大體者，不引繩（法）之外，不推繩之內，不急法之外，不緩法之內。」引外、推內、急外、緩內，不是類推援引，就是背法營私，難免故入故出。法家以法律維護正義，一切依法行事反對巧立名目，曲法施惠。如《管子·明法篇》說：「先王之治國也，不淫意於法之外，不爲惠於法之內，動無非法者，所以禁過而外私也。」《韓非子·有度篇》也說：「明主使其羣臣，不遊意於法之外，不爲惠於法之內，動無非法。」「動無非法」就是〈難二篇〉說的：「遇於法則行，不遇於法則止。」這就是管子早先說的：「凡將舉事，令必先行。」他甚至認爲：不合法令的作爲雖有功利也是「專制」（〈主政篇〉）。

「無離法之罪」是罪刑法定主義的思想。而「動無非法」不但合乎罪刑法定主義，還含有公正、守法的精神。

法與時轉

《韓非子·心度篇》說：「法與時轉則治。」義指時代改變，法律隨時代的需要而改變，政治才能上軌道。法與時轉，是法家共同的觀念。也是法家理論在政治運作上，實際有效的重要原則。

管子認爲法律不可一成不變，他說：「法者，不可恒者也。」又說：「古之所謂明君者，……其設賞有厚有薄，其立禁有輕有重……皆隨時而變，因俗而動。」（〈法法篇〉）法律隨時俗變動，才能適應社會的需要，人民才會守法。管子已注意到法的可行性。

商鞅是中國歷史上變法最成功的代表。他成功的最大因素，就在立法設制能適應時勢的要求。〈算地篇〉說：「不觀時俗……則其法立而民亂。」〈壹言篇〉也說：「因世而爲之治，度俗而爲之法。故法不察民之情而立之則不成，治宜於時而行之則不干（亂）。」立法要「觀時俗」、「察民情」才能行之不亂。所以他在〈更法篇〉強調：「禮法以時而定，制令各順其宜。」可見商君承繼管子的思想而更加詳明。

愼到雖是法家的重勢派，但他認爲「法非從天下，非從地出，發於人間，合乎人心而已。」也就是說法律要合乎人們的需要，時代改變，人心的意向也會轉移，所以他說：「守法而不變則衰……以道變法者，君長也。」（《愼子》佚文）他說的「道」就是「合乎人心」。

韓非認爲歷史是演化不居的，古今異俗，新故異備，〈五蠹篇〉說：「世異則事異，事異則備變。」「論世之事，因爲之備。」所以他在〈心度篇〉主張：「法與時移，而禁與世變。」可見變法是要因時適事的。不過韓非也明言法律不可朝令夕改。他在〈解老篇〉說：「法令更則利害易……治國而數變法，則民苦之。」〈亡徵篇〉也說：「法禁變易，號令數下者，可亡也。」所以他在〈五蠹篇〉才說：「法莫如一而固，使民知之。」韓非主張法律的適時性，與法律的統一性、穩定性，並不衝突。

綜觀法家「法與時轉」的觀念，主要考慮在時勢、人心、民情、風俗、世事等因素的改變，而這些因素可以用一句話來說，就是人民的需要。法律要適合當時人民生活的需要，這種法律才能施行，政治才有績效可言，這正是「法與時轉」的精義所在。

法不阿貴

《韓非子•有度篇》說：「法不阿貴。」義指法律不偏袒貴人。換句話說，即法律之前人人平等。法家這種法的平等主義，比儒家「禮不下庶人，刑不上大夫」（《禮記•曲禮上》）的階級思想，高明而合乎人道。

從思想史的角度看，法的平等觀念，受墨子的影響很大。墨子以天作為人們的法儀。法儀就是標準。為什麼天可以做標準呢？因「天之行廣而無私，其施厚而不德，其明久而不衰。」「行廣」指普遍性，「無私」指公平性，「施厚而不德」指客觀性、平常性，「明久而不衰」指穩定性和必然性。普遍、客觀、公平、穩定、必然諸性質，是標準必具的性徵，也正是法律應具的條件。墨子說：「天下無大小國，皆天之邑也，人無長幼貴賤，皆天之臣也。」（〈法儀〉）又說：「天之愛天下之百姓。」（〈天志上〉）這是說，在天之下，人人平等。〈大取〉說：「權非為是也，亦非為非也，權正也。」權衡是客觀的，它不偏袒是非，但它可以公平的度量是非。

所以〈經說上〉說：「權者兩而勿偏。」〈經下〉說：「衡而必正。」權衡都是公平的標準。〈經下〉說：「一法者之相與也盡類，若方之相合也。」義指標準相同的都是同類，就像有方的屬性的東西都是方類一樣。換句話說，同法之下皆同類。那麼法律之前人人應該是平等的。〈法儀篇〉說：「天下從事者不可以無法儀，無法儀而其事能成者無有也。雖至士之爲將相者皆有法。雖至百工從事者亦皆有法。百工爲方以矩，爲圓以規，直以繩，正以縣，平以水，無巧工不巧工，皆以五者爲法。」後來的法家，都拿規矩、繩墨、權衡，來比喻法的客觀性和公平性，這顯然是受墨子的影響。

《管子》主張法律之前人人平等，最明白而徹底。〈任法〉說：「君臣上下貴賤皆從法，此之謂大治。……不知親疏遠近貴賤美惡，以度量斷之，……以法制行之，爲天地之無私也。」法律之前，不分親疏遠近貴賤美惡，一律以「度量」判斷，這樣才叫「行法制」，也才是「天地之無私」。因爲「法之不行，自上犯之。」（《史記・商鞅列傳》）所以管子特別強調君王要守法，甚至主張法律比君王尊貴。〈法法篇〉就說：「明君置法以自治，立儀以自正，故上不行則民不從……是以有道之君行法修制，先民服（法）也。」又說：「禁勝於身，則令行於民矣。」更說：「不爲君欲變其令，令尊於君。」管子這種「君臣上下貴賤皆從法」，及「令尊於君」的觀念，眞可媲美廿世紀民主政治下的法治思想。只可惜管子認爲：「夫生法者君也。」（〈法法篇〉）立法權在君王手中，要他「自治」、「自正」、「行法修制，先民服也」，無異緣木求魚。

因爲人類幾千年的政治經驗告訴我們，立法、行政、司法三權集中在一人或少數人手中，必然走向暴政。

商鞅是重法派的大師。他說：「法者君臣之所共操（守）也。」（《商君書‧修權篇》）他在〈賞刑篇〉說：「所謂壹刑者，刑無等級。自卿相將軍以至大夫庶人，有不從王令，犯國禁，亂上制者，罪死不赦……忠臣孝子，有過必以其數斷（依法判刑）。」「刑無等級」，就是同罪同刑，人人平等。商君相秦，太子犯法，與庶民同罪，於是秦國大治，他是法律平等主義的實踐者。

後起的韓非，一樣主張君王要守法。他在〈外儲說右下〉說：「人主者，守法責成，以立功者也。」他也強調法的平等觀念。他在〈八經篇〉說：「上下貴賤相畏以法。」在〈有度篇〉說：「法不阿貴……刑過不避大臣，賞善不遺匹夫。」在〈主道篇〉說：「誠有功，則雖疏賤必賞；誠有過，則雖近愛必誅。」人主、大臣、匹夫、上下、貴賤、近疏，在法律之前，一律平等。但法條是死的，執法者可以自由心證，同功異賞，同罪異刑，故入故出，那麼法的公平性也就不能維持。所以韓非進一步說：「明主使其羣臣不遊意於法之外，不爲惠於法之內，動無非法。」「遊意」、「爲惠」是存心找法律漏洞，循私舞弊。「動無非法」即一切依法裁判，嚴格執行。他在〈外儲說左下〉明白說出：「吏者，平法者也。治國不可失平也。」由以上所述，可見韓非已分清法的平等性含有兩層意義：一在法條內容訂定的公平；一在執法的公平。

管子的「禁勝於身」及「令尊於君」的觀念，未被商、韓所接受，一直要到漢初的《淮南子》才又重新被重視。這與戰國局勢，國家要求統一，君權須要推崇有關。

是非與賞罰

是非爲價值判斷或價值取向；賞罰是行法的強制力。賞罰由治者所立；是非的判定卻是治者與被治者雙方所持有的價值觀。治者依其是非判斷設立賞罰。問題是治者與被治者的價值取向有時相同，也有時相背。當二者的價值取向不同時，賞罰的權威性便要接受考驗或挑戰，這時便顯示了政治的危機。所以賞罰能合乎社會的是非標準，才能收到勸善止暴的效果；否則便要失去民心。韓非對這個觀念有很深的認識，而他是受墨子的影響。

墨子在〈尙同中篇〉說：「若苟上下不同義，上之所賞，則衆之所非……上之所罰，則衆之所譽。」又說：「若苟上下不同義，則賞譽不足以勸善，而刑罰不足以沮（止）暴。」上下不同義，就是治者與被治者的看法不同，是非不同。也就是治者與被治者的價值取向不同。治者依照自己的是非標準定賞罰，沒有考慮到被治者的需要，結果必然是「賞譽不足以勸善，而刑罰不足以沮暴。」賞罰不足以勸善沮暴，是因爲上下缺乏共識，如此政治必然發生危機。

韓非承受墨子的這個思想。他在〈八經篇〉說：「賞者有誹焉，不足以勸；罰者有譽焉，不足以禁。」韓非認爲賞得誹，罰得譽，賞罰不足以勸禁，主要原因是「下之所欲，常與上之所以爲治相詭。」（〈六反〉）這就是政治不免於亂的根源。所以他在〈外儲左下篇〉說：「譽所罪，毀所賞，雖堯不治。」

韓非認爲不相容之事不可兩立，他主張「賞譽同軌，非誅俱行」（〈八經〉），「譽輔其賞，毀隨其罰」（〈五蠹〉）。這也就是他在〈大體篇〉說的：「託是非於賞罰」（《愼子》佚文有此言）。用賞罰來樹立是非的價值標準，是他解決是非與賞罰不一致的辦法。配合他在〈問辯篇〉的話：「言行而不軌於法令者，必禁」，可見韓非是把「法」當作人民行爲的規範，和價值的標準。這與他對人性的看法與功利主義有關。

（參看：「韓非」、「性惡與自爲心」條）

無為與有為

君道要「無爲」；臣道要「有爲」。這觀念是道家首先提出的，後來成爲法家的重要理論。老子觀察自然界得到「無爲」的啓示，後來將它移到政治上來應用。（《莊子•知北遊》說：「至人無爲，大聖不作，觀于天地之謂也。」）老子說：「道常無爲而無不爲，侯王若能守之，萬物將自化。」所謂無爲並非全不作爲，而是因任自然，不橫加干涉，不擾民，讓人民能自由發展。他說：「聖人云：我無爲而民自化，我好靜而民自正，我無事而民自富，我無欲而民自樸。」好靜、無事、無欲就是無爲，而自化、自正、自富、自樸就是無爲的效果。所以老子說：

「是以聖人之治，爲無爲，則無不治。」也就是「無爲而無不爲」。

老子的「無爲」，是指國君要聽順自然，不妄作爲，對象是人民。莊子則以君的「無爲」對臣的「有爲」而言。「無爲」是君德；「有爲」是臣道。上無爲，下也無爲，就是「不臣」。下有爲，上也有爲，就是「不主」。他在〈天道篇〉說：「夫帝王之德……以無爲爲常。……上必無爲而用天下；下必有爲爲天下用，此不易之道也。」不易之道，指君臣異道。

無爲用於政治上，不是道家的專利。儒家也有無爲而治的思想。不過儒家着重在德化的作用。孔子就說：「無爲而治者，其舜也與！夫何爲哉？恭己正南面而已矣。」（《論語・衞靈公》）「恭」、「正」是在道德人格方面的表現。儒家的無爲而治，是靠政治領袖的道德感化，不像道家、法家是爲了要使臣下有爲。但荀子在〈王霸〉、〈君道〉、〈君子〉等篇所說的無爲，已近法家。

法家承受道家君德無爲臣道有爲的思想，進而發展出一套神秘而有效的治術。君要無爲有兩個理由：第一，君王一人「力不敵衆，智不盡物」（《韓非子・八經》），不如用衆智衆力。第二，君無爲，臣才能有爲；君有爲，則臣藏智而無爲，反將事責推給君上。所以韓非說：「明君之道，使智者盡其慮，而君因以斷事，故君不窮於智。賢者效其材，君因而任之，故君不窮於能。」（〈主道〉）使智者盡慮，賢者效材，是無爲的目的。要達成這種目的，須要一套周密的方法，只靠儒家的德化或道家消極的無爲，是不能奏功的。

《韓非子‧揚搉篇》有一段話，正說明了「無爲」的方法：「聖人執要，四方來效，虛而待之，彼自以之。」所謂虛待，就是清靜無爲，是指人主不示好惡，不顯智巧。如此臣下便無從飾行藏智，而事事表現，努力有爲，所以說「彼自以之」。所謂執要，是說親掌二柄，循名責實。循名責實，方法是「令名自命也，令事自定也……言者自爲名，有事者自爲形」（〈主道〉）。人主依「名」（言）求「形」（事），形名相合則賞，不合則罰。所以韓非說「君操其名，臣效其形」（〈揚搉〉）。這是督功求效的術。而二柄就是賞與罰，它是循名責實的憑藉。可見「執要」是在法治之下，循名責實，信賞必罰。人君「執要」「虛待」，表面上虛靜無爲，實際上他掌握着有效的督責方法，使得臣下有爲，使得四方的臣子不得不竭智盡力來效勞。所以韓非說：「明君無爲於上，羣臣竦懼乎下。……臣有其勞，君有其成功。」又說：「人主之道，靜退以爲寶。」（〈主道〉）

老子的「無爲而無不爲」，原本是自然演變的宇宙觀，用之於實際的政治，幾近於烏托邦的理想。但發展到法家的韓非，他的「執要」「虛待」，使得「無爲而無不爲」成爲可能。韓非主張「明主治吏不治民」（〈外儲說右下〉）君「無爲」，使臣「有爲」，以收「無不爲」的效果。這種思想在中國政治哲學中，佔有重要的地位。後來的《淮南子》也有充分的發揮。

君道「無爲」不但是一種政治理論，也曾經形成實際的政策，漢初六、七十年的政治便是當時盛行的黃老之術，就是「無爲」思想在實際政治上的運作。

法術之士

韓非說的「法術之士」是「知術能法之士」的簡稱（《韓非子・孤憤》），到了西漢以後都通稱爲法家（《史記・太史公自序》）。法家是先秦最大的政治、法理學派。他們都是現實主義的政論家或兼政治家。主要代表人物有申不害、商鞅、愼到、韓非。在淵源上，法家綜合先秦各家的思想。而集法家的大成者是韓非。他們理論的共同點是：講法術，圖富強。

春秋時期法治主義已經萌芽，法家的發展和完成卻在戰國時代。由春秋進入戰國，封建體制崩潰，貴族政治式微，諸侯兼併，新政權相繼成立，農業制度破壞，商業繁榮，大都市興起，面對這種政治、經濟、社會的大變遷，儒家學說無能爲力。法家的興起，乃針對儒家的反動，而應乎時代的需要。

法家的思想建基於講實證、因人情、重功利、尙權變的原則上，理論的重點在尊君權、任法術、禁私學、勵耕戰，以謀國家富強。主張政治由內政着手，用信賞必罰的強制力逼使人民爲君國效命。他們提出一套中國最有系統的政治哲學，結束羣雄紛爭的政局，促成中國歷史上第一個大帝國的出現，並影響漢以後二千多年的實際政治。

法家尊君國，倡集權，卻無控制君權的有效辦法。君主集立法、行政、司法於一身，走向專制獨裁，法家已提供充分的理論和方法，這對中國政治，留下無窮的禍害。

法治

（參看「法治」、「禮與法」、「尚賢與任勢」諸條）

法治一詞是對人治而言，也可以說是與禮治或德治相對的。法家的「以法治國」，是針對儒家禮治、德治之無效的反動。法家的法治思想，發展到韓非已經擺脫了德與禮的糾纏，使政治自身有其獨立的領域，也是中國歷史上最有系統的政治哲學。法治思想不僅是一組精深的理論，也曾經在實際政治上加以運作。它促使戰國政局的結束，建立中國史上第一個大一統的秦帝國。對秦以後二千多年的中國政治，有着深遠的影響。

法治比禮治或德治進步的地方，最重要的是法治的客觀性和公正性。法家常拿鏡、衡、規來比喻法，就是象徵法治的客觀性。法律雖如鏡、衡的客觀，但「搖鏡」則不得爲明，「搖衡」則不得爲正。所以法家進而主張法的公正性。所謂公正，有兩層意義：第一是法律之前人人平等；第二是功罪一依法定。關於前者，法家諸子有許多相同的言論，這裏只舉韓非的話爲代表。他說：「刑過不避大臣，賞善不遺匹夫。」（〈有度〉）「不避親貴，法行所愛。」（〈外儲說右上〉）關於後者，如《管子‧法法篇》說：「令未布而民或爲之，而賞從之，則是上妄予也。」「令未布而罰及之，則是上妄誅也。」《韓非子‧有度篇》說：「明主使其羣臣，不遊意於法之外，不爲惠於法之內，動無非法。」（《管子‧明法篇》有相同的文字）〈大體篇〉說：「使人無離法之罪。」這些話都是功罪一依法定的說明。韓非還有一句話把法治的公正性表露無遺。他說：「聖人之爲法也，所以平不夷，矯不直。」（〈外儲說右下〉）。

儒家主張德治、禮治，法家強調任法，只是治術的不同。德治、禮治不免「人存政舉，人亡政息」，誠爲「人治」的缺點；但「法治」思想以君爲主體，以法爲工具，其立法權操之於君，而君權不受限制，法的廢立可恣意爲之，所謂「法治」終流於「人治」。所以蕭公權《中國政治思想史》說：「管子之『以法治國』，乃『人治』思想之一種，與孔、墨、孟、荀諸家以君主爲治權之最高執掌人者，根本不異。」（第一編第六章第三節以法治國）

先秦法家提倡的「法治」，與現代民主政治的「法治」迥然不同。法家的「法治」是帝王以法爲統治人民的術；民主的「法治」是以法限制政府的權力，保障人民的自由權利。法家主張集權尊君；民主的「法治」則分權以縮小政府的權力。

所謂分權是分國家的權力爲立法、行政、司法三種，各自獨立，互相制衡（checks and balances）。孟德斯鳩說明權力必須分立的理由是：「依吾人日常經驗，凡有權力的人往往濫用其權力。要防止權力的濫用，只有用權力以制止權力。」馬廸遜（J. Madison）說：「吾人分配權力時，須使各權力機關互相牽制。」又說：「立法、行政、司法三權集中於一人手上，這簡直可以定義爲暴政，固不問權力集中於一人，集中於少數人，或集中於多數人；也不問其人取得權力，是由於世襲，由於任命，或由於選舉。」法家的思想，只有集權，沒有分權。管子說：「夫生法（制法）者君也。」（〈任法〉）商鞅說：「權者君之所獨制也。」（〈修權〉）韓非說：「主之所以尊者權也……明主操權而上重。」（〈心度〉）又說：「權勢不可以借人。」（〈內儲說下〉）他在〈二柄篇〉說：「人主者，以刑、德（賞）制臣者也，今君人者釋其刑德而使臣用之，則君反制於臣矣。」由以上所引，法家爲了「尊」「重」君主，主張君主集權，不主分權。君主「操權」「獨制」，可以立法，也可以行法。集立法、行政、司法於一身。可見法家只知權力而不知權限。權力沒有限制，勢必走上暴政。這是法家思想的病根所在。固然管子說：「不淫意於法之外，不爲惠於法之內，動無非法。」（〈明法〉）商鞅說：「法者君臣之所共操也。」（〈修權〉）但權力不受制衡，如何能使君王守法。民主的「法治」，有獨立的司法權，可防止行政機構的違法越權，杜絕立法機關的濫權制法。法家不知司法權應獨立於立法行政兩權之外，所謂「法治」，也不過是以法控制人民的極權暴政而已。

（參看「無離法之罪」、「禮與法」、「尚賢與任勢」諸條）

自然之勢

「自然之勢」是與「人設之勢」相對的概念，爲韓非創用的名詞。見於《韓非子・難勢篇》。

自然之勢，是指天生承襲而得的權力和地位。天生指有繼承權。自然之勢是帝位傳襲制度下的產品，所以韓非說它「非人之所得設也」。

自然之勢的權位是固定的，但權位的繼承人有賢有暴，關鍵全在繼承人身上。如果賢人繼承權位，雖有暴人不能作亂，這是自然之勢造成的平治；反之暴人繼承權位，雖有賢人也無法救治，這是自然之勢造成的混亂。所以韓非說「自然之勢」是「勢治者則不可亂；而勢亂者則不可治也。」（〈難勢〉）「勢治」或「勢亂」完全決定於繼承人的賢與不賢。但繼承人的賢與不賢是天生自然，不是人力所能安排的，而且權位是靠承襲而得，也不是人力可以任意設置。可見「勢治」只能「待賢」，也可以說要碰運氣。這就是韓非不談「自然之勢」，而強調「人設之勢」的根本理由。

（參看：「人設之勢」條）

人設之勢

「人設之勢」，是韓非的勢論。見於《韓非子・難勢篇》。原文作：「吾所爲言勢著，言人之所設也。」韓非是針對人力無可如何的「自然之勢」，才提出「人設之勢」的構想。「人設之勢」，是韓非用以補充愼到勢論的不足。

所謂「人設之勢」，是指「抱法處勢」。「抱法處勢」，是人君透過法律制度，利用賞罰來行使政治權力。操權而後可以行法，反之行法所以運勢。「人設之勢」着重在權力的運用。這種權力是在固定的法制下，借「慶賞之勸」，「刑罰之威」來運作的。它有方法可循，有制度可按，中才之君便可勝任，不必待賢來治國。所以韓非在〈難勢篇〉說：「夫堯、舜、桀、紂千世而一出……世之治者，不絕於中，吾所以爲言勢者，中也。中者，上不及堯舜，而下亦不爲桀紂，抱法處勢則治，背法去勢則亂。今廢勢背法而待堯舜，堯舜至乃治，是千世亂而一世治也；抱法處勢而待桀紂，桀紂至乃亂，是千世治而一亂也。且夫治千而亂一，與治一而亂千也，是猶乘驥駬而分馳也，相去亦遠矣。」從經驗考察，暴君賢君一樣少有，所以說「千世一出」。一般的統治者大多中才之人。在帝位傳襲的制度下，要使中君能夠治國，辦法是「抱法處勢」。「抱法處勢」不必「待賢」，就可轉「治一亂千」爲「治千亂一」的效果。可見韓非的「人設之勢」，乃是針對儒家「人存政舉，人亡政息」的弊病而設想的辦法。

韓非在〈難勢篇〉說：「夫勢者，便治而利亂者也。」「賢者用之則天下治，不肖者用之則天下亂。」「夫乘不肖人於勢，是爲虎傅（添）翼也。」「勢者，養虎狼之心而成暴亂之事者也，此天下之大患也。勢之於治亂，本未有位（定）也，而語專言勢之足以治天下者，則其智之所至者淺矣。」從這些話可以看出他主張「抱法處勢」，而不主張單用勢治國的理由。在行法方面，韓非說：「明主使其羣臣，不遊意於法之外，不爲惠於法之內，動無非法。」（〈有度〉）又說：「以事遇於法則行，不遇於法則止。」這表明「法」爲一切行事的標準。勢的運用也要合乎法。因此說：「抱法處勢」是有意置權力於法制的軌道上運行，一方面使中君能治國；另一方面要防止權力的濫用。這是韓非「人設之勢」的精華所在。不過，立法權、司法權操在君王之手，君權又不受制衡，因此恣意廢法立法之事不能避免，其防止權力濫用的用心，終成泡影。

（參看：「尚賢與任勢」、「自然之勢」條）

信賞必罰

信賞必罰，是法家的重要觀念。也是法家在政治上運作的一貫作風。信賞必罰，就是有功必賞，有罪必罰，依法規定，嚴明而徹底執行。這是法律的必然性。也是法律能被信守的一個關鍵。

徒法不能以自行，法要能行，必須有條件配合，像法的公平性（內容及執行皆公平），詳明性，統一性，可行性等，除此之外，法的必然性更爲基本。所以韓非說：「賞罰不信，則禁令不行。」（〈外儲說左上〉）又說：「賞罰必於民心。」（〈定法〉）管子也說：「賞罰莫若必成，使民信之。」（〈禁威〉）賞罰是政府公權力的表現，所以說賞罰是國之利器。而信賞必罰才能建立政府的公信力。這是治國的要道。管子就說：「號令必著明，賞罰必信密；此正民之徑。」商君說：「國所以治者三：一曰法，二曰信，三曰權。」（〈修權〉）韓非在〈五蠹篇〉也說：「明其法禁，必其賞罰，此必不亡之術也。」

法家利用人情的好賞惡罰，希望達成治國的目的。而信賞必罰就是達成目的的驅策動力。

《管子．八觀》說：「賞嚴（罰）信必，則有功者勸。」《商君書．算地》說：「刑戳（罰）者所以止姦也，而官爵（賞）者，所以勸功也。」韓非也說：「必罰明威，信賞盡能。」（〈內儲說上〉）又說：「有術之主，信賞以盡能，必罰以禁邪。」賞的作用在鼓勵，所以說勸功和盡能。而罰的作用在明威，所以能禁邪和止姦。所以商君說：「民信其賞，則事功成，信其刑，則姦無端。」（〈修權〉）更明白的說，法家就靠信賞使人民盡力於農戰，用必罰以明威禁邪，來維持社會秩序，而其最終目的，就在謀求國家的富強。韓非的話最清楚，他說：「信賞必罰，其足以戰。」（〈外儲說右上〉）又說：「賞罰敬信，民雖寡，強。」（〈飾邪〉）〈五蠹篇〉更說：「聖人之治也，審以法禁，法禁明者則官治，必於賞罰，賞罰不阿則民用。民用官治則國富，國富則兵強，而霸王之業成矣。」〈定法篇〉也說：「賞厚而信，刑重而必，是以其民用力勞而不休，逐敵危而不卻，故其國富而兵強。」

信賞必罰是法家推行法治的一項重要方法。吳起首先做過示範。《韓非子．內儲說上》載說：「吳起為魏武侯西河之守。秦有小亭（塞上候望之所）臨境，吳起欲攻之。不去則甚害田者（軍事研習），去之則不足以徵甲兵。於是乃倚一車轅於北門之外，而令之曰：『有能徙此於南門之外者，賜之上田上宅。』人莫之徙也。及有徙之者，還賜之如令。俄（不久）又置一石赤菽於東門之外，而令之曰：『有能徙此於西門之外者，賜之如初。』人爭徙之。乃下令曰：『明日且攻亭，有能先登者，仕之國大夫，賜之上田上宅。』人爭趨之。於是攻亭，一朝而拔之。」吳起徙車轅，徙赤菽的作法，就是後來商鞅徙木賞金的榜樣，這是信賞的例子。

《史記・商鞅列傳》載說：「太子犯法，衞鞅曰：『法之不行，自上犯之。』將法太子，太子君嗣也，不可施刑，刑其傅公子虔，黥其師公孫賈。明日秦人皆趨令。行之十年，家給人足，民勇於公戰，怯於私鬬，鄉邑大治。」《韓非子・外儲說右上》也有一段記載：「荆（楚）莊王有茅門之法曰：『羣臣大夫諸公子入朝，馬蹏踐霤（屋簷下水流處）者，廷理（法官）斬其輈（車轅），戮其御（馬夫）。』於是太子入朝，馬蹏踐霤，廷理斬其輈，戮其御。太子怒，入為王泣曰：『為我誅戮廷理。』王曰：『法者所以敬宗廟，尊社稷。故能立法從令，尊敬社稷者，社稷之臣也，焉可誅也？夫犯法廢令，不尊敬社稷者，是臣乘君（欺君）而下尚校（下犯上）也。臣乘君則主失威，下尚校則上位危。威失位危，社稷不守，吾將何以遺子孫？』於是太子乃還走，避舍露宿三日，北面再拜請死罪。」這是必罰的例子。

有法不用等於無法。信賞必罰，是法律能施行的必要條件。也是政府建立公權力、公信力的重要方法。

信賞必罰的例子在《韓非子》內、外儲說各篇有很多記載，讀者可參看。

以刑去刑

所謂「以刑去刑」，是採用輕罪重罰的刑事政策，來嚇止人們犯罪。「以刑去刑」一詞，原於《書經・大禹謨》的「刑期于無刑」，後為商鞅所引用。《韓非子・內儲說上》說：「公孫鞅之法也重輕罪。重罪者人之所難犯也；而小過者人之所易去也。使人去其所易，無離（罹）其所難，此治之道。夫小過不生，大罪不至，是人無罪而亂不生也。一曰：公孫鞅曰：行刑重其輕者，輕者不至，重者不來，是謂以刑去刑。」商鞅又說：「重輕（重刑輕罪）則刑去，事成國強。」（《商君書・說民》）「以殺去殺，雖殺可也。以刑去刑，雖重刑可也。」（《商君書・畫策》）「禁姦止過，莫若重刑。」（《商君書・賞刑》）以刑去刑，是商鞅主張重刑的理由，也可以說是他的刑法理論的理想。

除商鞅之外，墨子說過：「罰嚴足畏」（《墨子・備城門》）。荀子也主張重刑。不過他強調罪刑相當，而非輕罪重罰。荀子說：「刑稱罪則治，不稱罪則亂，故治則刑重，亂則刑輕（世治由於刑重，世亂由於刑輕）。」（〈正論〉）更早的《周禮》也說：「刑新國用輕典，刑平國用中典，刑亂國用重典。」（《周禮注疏》卷卅四大司寇）

荀子的兩位學生韓非和李斯，他們承受其師的重刑主張，也採用商鞅「以刑去刑」的觀念。李斯說：「商君之法，刑棄灰於道者。夫棄灰薄罪也，而被刑重罰也。彼唯明主為能深督輕罪，夫罪輕且督深，而況有重罪乎，故民不敢犯也。」（《史記・李斯傳》）韓非主張「嚴刑以威之」（〈飾邪〉），「法必嚴以重之」（〈制分〉），他在〈六反篇〉提出兩點理由，說明「嚴刑重罰」的用意：第一，姦人得到的利益少，受到的處罰大，人民就不會貪圖小利甘冒大罪，因此重刑可以止姦。第二，重刑並非要罪罰某一個或某一些人，其目的是要借重罰犯人，殺一儆百，使人民知所「悼懼」。所以他說：「重一姦之罪，而止境內之邪。」這就是「以刑去刑」的意義。在現代刑法理論上說，「以刑去刑」就是威嚇主義，或稱預防主義。

嚴刑重罰的效力，是建基在人類有畏懼心，足以嚇止他，這是功利的想法。這當然是實情；但未必都如此。因爲人遵守法律，或因理性的承認，或本能的遵守，或習慣，有時也因缺少有組織的抵抗力，並不僅僅靠對身體的強制力。法家一意以嚴刑重罰威嚇人民，其鎭懾力有時而窮。《老子》曾說：「民不畏死，奈何以死懼之。」韓非自己在〈安危篇〉也說：「人不樂生，則人主不尊，不重死，則令不行也。」秦帝國的速亡，就是例證。

人的犯罪，有時情非得已，有時失去理智，並非完全出自貪利。人的犯罪，固然克己不夠，但政治、社會、經濟結構，以及教育方式的不合理，須要負起相當責任。所以現代民主政治的刑事理論，趨向教育主義。

術

術是人君暗中御用羣臣，爲他效忠盡力，增進行政功效，厲行法治，及禁姦除姦的謀略和方法。

法家之中，申不害首倡術治。他的理論已由韓非所承受。現存韓非子一書，言術的文字最多，這是韓非所以遭來詬罵的主要原因。

韓非主張用術，最少有四個理由：第一，人性自私自利，不可相信。第二，君主要盡人的智力，盡人智力要能知人善任，如何知人善任必須用「術」。第三，君臣之間以利害相算計，君主無術御下，則羣臣蔽上營私。第四，君主用人，是使臣下「有勢」，難免發生姦刼弒臣，禁姦於未萌，非「術」莫辨。基於此，所以他在〈顯學篇〉說：「有術之君，不隨適然之善，而行必然之道。」

韓非解說「術」主要有兩段話，一見〈定法篇〉，一見〈難三篇〉。他說：

> 術者，因任(能)而授官，循名而責實，操殺生之柄，課羣臣之能者也，此人主之所執也。
>
> 術者，藏之於胸中，以偶衆端，而潛御羣臣者也。

前者偏於用人行政；後者偏於權術，並未說盡「術」的涵義。《韓非子》專門講術的長篇，如〈八經〉及〈內外儲說〉六篇，其他各篇也所在都有。歸納來說，比較重要的有：無爲術、形名術、參伍術、聽言術、用人術、禁姦術等。

「術」的性能，與「法」不同。蕭公權說：「法治之對象爲民，術則專爲臣設，此其一。法者君臣所共守，術則君主所獨用，此其二。法者公布衆知之律文，術則中心暗運之機智，此其三。」(《中國政治思想史》頁二四二)

運術在「馭臣安君」；任法在「治民定國」。法、術的功用有別，其重要性則相同。韓非在〈定法篇〉說：「君無術則弊於上，臣無法則亂於下。此不可一無，皆帝王之具也。」所以申不害的徒術無法，商鞅的徒法無術，都是他所反對的。他說：「有能服術行法……其兼天下不難矣。」（〈亡徵〉）

（參看：「循名責實」、「參伍」、「三本與三節」、「無為與有為」諸條）

循名責實

「名實」是哲學的問題，也是政治的問題。儒、墨、道、名、法各家，對「名實」問題都有過討論。「名實」或稱「刑名」也作「形名」。「刑名」原是「有其罪名有其罪刑」，法家吸收名家「以名檢形」的辦法，遂將罪名罪刑擴充到名與事物之間的關係，因此「刑名」就與「形名」通用。孔子主張名正則言順，言順則事成。他說：「名不正則言不順，言不順則事不成，事不成則禮樂不興，禮樂不興則刑罰不中，刑罰不中則民無所措手足。」（《論語・子路》）荀子認爲「名」有宜有不宜，知者「制名以指實」。他在〈正名篇〉說：「名無固宜，約之以命。約定俗成謂之宜，異於約則謂之不宜。」「故知者爲之分別制名以指實，上以明貴賤，下以別同異。」《墨子・經說上》：「所以謂，名也；所謂，實也。名實耦，合也。」這是從知識的角度着眼。名稱用來指定事物；事物有其名稱，名稱與事物相合，人們才能傳播知識。名實的關係，

《莊子・逍遙遊》說：「名者，實之賓也。」《管子・九守篇》說：「名生於實」「修名而督實，按實以定名，名實相生，反相爲情。名實當則治，不當則亂。」《尹文子・大道上》說：「名者，名形者也，形者，應名者也。……故必有名以檢形，形以定名；名以定事，事以檢名。察其所以然，則形名之與事物，無所隱其理矣。」名與形是互相對應的，所以韓非說：「名正物定，名倚物徙。」一個「名」能確定的指稱一件事物，就叫「名正」；不能確定的指稱一件事物，就叫「名倚」。「倚」的「名」，我們無法確定它指稱的是何「物」；因爲「物」未被「名」指定以前，還是會「徙」的。如果「名正」了，就可利用名與物對應的性質，依「名」去求「形」或「物」。所以《尹文子》說：「名以檢形。」而「名正物定」、「名以檢形」就是「循名責實」的基本道理。

「循名責實」一辭，首先見於《鄧析子・無厚篇》。韓非〈定法篇〉沿用這一個名辭，其他各篇又作「形名參同」、「周合刑名」（〈揚搉〉）、「審合刑名」（〈二柄〉）。漢朝以後，則稱「綜覈名實」或「綜核名實」，或「控名責實」，或「提名責實」等等。

「循名責實」在韓非的理論中，是一種國君統御羣臣的術。他的原則，是要人臣自己「正名」，自己「定」事，然後由人主依「名」求「形」，形名相合就賞，不然就罰。所以說：「君操其名，臣效其形。」（〈揚搉〉）詳細的辦法，〈二柄篇〉說：「形名者，言與事也。爲人臣者陳其言，君以其言授之事，專以其事責其功。功當其事，事當其言則賞；功不當其事，事不當其言則罰。」人臣陳其言時，就是自己在「正」名，君以其言授之事，就是自己在「定」事。這就是〈主道篇〉說的：「使名自命也，令事自定也。……言者自爲名，有事者自爲形。」話由你說，事情交你辦，辦好了，獎賞你，辦不好，就處罰你。力量由你盡，成果我來收。所以韓非說：「有功則君有其賢，有過則臣任其罪……臣有其勞，君有其成功。」（〈主道〉）又說人主「以形名收臣」（〈難二〉）。

「循名責實」，以簡馭繁，可用以督功責效，禁姦防私，推行法律，考核羣臣，它是勵行法術的靈魂，使人主無爲而無不爲的秘寶。太史公稱法家學說爲「刑名法術之學」，可見刑名術的重要性。不過「循名責實」要配合「信賞必罰」才能有效。

（參看：「信賞必罰」條）

參伍

「參伍」一辭，早見於《易經・繫辭上》：「參伍以變，錯綜其數」，疏云：「參，三也；伍，五也。或三或伍，以相參合，以相改變。」焦孝廉《易章句》說：「參伍，言不齊也。」《素問・三部九候論》：「參伍不調者病。」注云：「參謂參校，伍謂類伍。參校類伍而有不調，謂不率其常則病也。」《荀子・成相篇》：「參伍明，謹施賞刑。」注云：「參伍，猶錯雜也。謂或往參之，或往伍之，皆使明謹施其賞刑，言精研不使僭濫也。」到了韓非，「參伍」已發展成爲一種知識方法（見「參驗與意度」條），也是人主考察臣下的一種術，應用於聽言、用人、知姦等方面。

韓非屢用「參伍」（〈揚搉〉、〈八經〉、〈難三〉、〈備內〉、〈孤憤〉等篇），也用「參驗」（〈八說〉、〈姦刧弒臣〉、〈亡徵〉、〈顯學〉等篇），有時也用「衆端參觀」（〈內儲說上〉、〈備內〉），其實三辭同義。「參」是相互對照或驗證；「伍」是錯雜。「參伍」就是多方考驗，以查知臣下的眞情。《韓非子．八經篇》：「參伍之道，行參以謀多，揆伍以責失。」陳啓天說：「所謂參伍，蓋指詳細錯綜以考察羣臣之術也。行參猶言多方諮詢意見也；多方諮詢意見，則羣下之有材與否可以知之，故曰謀多。……揆伍，猶言多方考察情僞也；多方考察情僞，則羣下之有姦與否可以知之，故曰責失。」（《韓非子校釋》頁一六三）

「參伍」術的應用，韓非說的很淸楚。他在〈難三篇〉說：「不任典成之吏，不察參伍之政，不明度量，恃盡聰明，勞思慮，而以知姦，不亦無術乎？」這是說用「參伍」術可以知姦。〈孤憤篇〉說：「不以參伍審罪過，而聽左右近習之言，則無能之士在廷，而愚汚之吏處官矣。」這是說「參伍」術可以知人。〈姦刧弒臣篇〉說：「因參驗而審言辭」，〈備內篇〉說：「偶參伍之驗，以責陳言之實，執後以應前，按法以治衆，衆端以參觀。」〈內儲說上篇〉說：「觀聽不參，則誠不聞；聽有門戶，則臣壅塞。」〈亡徵篇〉說：「不以衆言參驗，用人爲門戶者，可亡也。」這是說用「參伍」術可以審言辭的眞假。韓非認爲用「參伍」聽言要符合「四徵」。他

說：「言會衆端，必揆之以地，謀之以天，驗之以物，參之以人。四徵者符，乃可以觀矣。」（〈八經〉）

三本與三節

「三本」是固、尊、質；見於《管子・小問篇》。「三節」是質、鎮、固；見於《韓非子・八經篇》。

〈小問篇〉說：「三本者，一曰固、二曰尊、三曰質。……故國父母之墳墓之所在，固也；田宅爵祿，尊也；妻子，質也。三者備，然後大其威，厲其意，則民必死而不我欺也。」「固」是用鄉土情懷和祖宗崇拜的情緒，穩住民心。「尊」是滿足人的物質慾望和光榮感。「質」是用妻子作押信。「三本」是要使人民爲君王效命的辦法。

〈八經篇・起亂〉說：「官襲節（循級）而進，以至大任，智也。其位至（極也）而任大者，以三節持之：曰質、曰鎮、曰固。親戚妻子，質也。爵祿厚而必，鎮也。參伍責怒（嚴），固也。賢者止於質，貪饕化於鎮，姦邪窮於固。忍不制則下失（臣下横佚），小不除則大誅。誅而名實當，則徑（速誅）之。生害事，死無名，則行飲食（下毒）；不然，而與其讎（令其仇人害之）。此謂除陰姦也。」「親戚妻子，質也。」就是表面以厚禮待大臣的親戚妻子，而眞正的用意是拿他們當人質，使大臣心有顧忌，不敢背叛；或是與大臣結爲婚姻，成爲親戚，使之得妻生子，利用親戚和血肉的關係牢牢牽住，使大臣成爲自家人。貪饕，指嗜利的人，嗜利者貪得爵祿，用爵祿可以安定其心，所以說「化於鎮」。「參伍責怒，固也。」怒是嚴格，嚴格的錯綜考驗，使羣臣專心於職務，所以說「固」。參伍之政，姦邪無所逃，所以說「窮於固」。所謂「除陰姦」，〈外儲說右上〉有一段話，可以印證。「勢不足以化，則除之。……賞之譽之不勸，罰之毀之不畏，四者加焉不變，則除之。」有才智的人做官升到盡頭不能再升了，「以三節持之」，可見「三節」是用來治理大官的辦法。如果「三節」也不能「持之」，便是明殺、暗殺、或下毒、或借刀殺人，這是韓非「除陰姦」的方法。

「三本」與「三節」大同小異。「三節」的對象是大臣，「三本」的範圍較大，用來御民。有人懷疑〈小問篇〉的作者是秦漢人，「三本」之說乃勦襲《韓非子》的「三節」而來。不過沒有堅強的證據。（許蓋臣《管子集斠》頁八〇二）

（參看：「參伍」條）

八姦

〈八姦〉是韓非一篇文章的篇名。現存《韓非子》第二卷第九篇卽〈八姦〉。「八姦」是指人臣成姦的八種方法：(1)同牀：夫人、愛妃因君王安居快樂的時候，或趁他醉飽的時候提出要求，事無不聽。人臣就以金玉珠寶賄賂她們使她們迷惑君王，達成姦謀。(2)在旁：優笑侏儒，左右近臣，唯唯諾諾，最會察言觀色，先意承旨。他們與人主同進同出，最能改變君王心意。人臣拿金玉玩好賄賂他們，使他們改變君意，來達成不法的利益。⑶父兄：側室公子、大臣廷吏，是人主愛重的。人臣拿音色子女賄賂他們，使他們代爲說話，以達成私利。⑷養殃：人主樂美宮室臺池，好飾子女狗馬，這是人主陷於災殃的事。人臣盡民力來美宮室臺池，重賦斂以飾子女狗馬，以娛君心，亂君意，達到樹私利的目的。⑸民萌：人臣散公財，行小惠，取得民心，使朝廷市井稱讚自己，來杜塞君王，達成私欲。⑹流行：人臣求辯士，養說客，操縱輿論，破壞君王的聲望。⑺威強：人臣聚養俠客，威脅臣民，製造假民意，來要脅人君以行私。⑻四方：人臣結歡外國，挾外力以自重，脅迫君王，遂成己私。

韓非在〈八姦篇〉也提出防姦的方法。他說人君防「同牀」，要娛其色，而不使私請。防「在旁」，要使其身必責其任，不使多說。防「父兄」，要聽其言責其功，不令妄舉。防「養殃」，要知道貢物的來源，不使擅進退，不使羣臣度其意。防「民萌」，要親自處理利於人民的措施，不使臣下行私德。防「威強」，要賞軍功，罰私鬬，不使羣臣行私。防「四方」，要拒絕諸侯不法的要求，不令臣下挾外力以自重。

五　蠹

〈五蠹〉是代表韓非思想的一篇重要文獻。現存《韓非子》第十九卷第四十九篇即是〈五蠹〉。蠹，《說文》云：「木中蟲也」。可見蠹是一種害蟲。韓非將「亂國之俗」的五種人稱為五蠹，是比擬為名。「五蠹之民」，就是指1.學者，即儒家。2.言談者，即縱橫家或說客。3.帶劍者，即遊俠，是墨家的支流。4.患御者，即左右近習。5.商工之民。韓非將這五種人稱為蠹蟲，是因為他們無益於耕戰，對於國家的富強不利。這是建基於他的演化的歷史觀，和功利的價值觀上的判斷。

《五蠹》的原文是：「是故亂國之俗，其學者則稱先王之道以籍（託）仁義，盛容服而飾辯說，以疑當世之法，而貳人主之心（使人主之心兩面搖擺）。其言談者，僞設詐稱，借於外力，以成其私，而遺社稷之利。其帶劍者，聚徒屬，立節操，以顯其名，而犯五官之禁。其患御者，積於私門，盡貨賂，而用重人之謁，退汗馬之勞。其商工之民，修治苦窳（粗惡）之器，聚弗靡之財（便宜貨），蓄積待時，而侔（取）農夫之利。此五者，邦之蠹也。人主不除此五蠹之民，不養耿介之士，則海內雖有破亡之國，削滅之朝，亦勿怪矣。」

韓非的「五蠹」之說，是原於商鞅的「五民」。《商君書．算地篇》說：「夫治國舍勢而任談說，則身勞而功寡。故事（任用）詩書談說之士，則民游而輕其君。事處士，則民遠而非其上。事勇士，則民競（爭）而輕其禁。技藝之士用，則民剽（輕）而易徙。商賈之士佚且利，則民緣（因）而議其上。故五民加於國用則田荒而兵弱。……堯舜之所難（治）也。」

「五蠹」中的學者、言談者，相當於「五民」中的詩書談說之士。帶劍者，相當於勇士。商工之民，卽技藝之士加商賈之士。患御者不在「五民」之中。「五民」中的處士，不在「五蠹」之中。所以說「五民」之中有四民是韓非認爲有害於國家的蠹蟲。

耕戰

商鞅倡「農戰」，韓非主「耕戰」。這是法家富國強兵的一種方法。《商君書・農戰篇》說：「國之所以興者，農戰也。」「壹之農，然後國家可富，而民力可摶也。」《韓非子・心度篇》說：「能趨力於地者富，能趨力於敵者強。」〈五蠹篇〉說：「富國以農，距敵恃卒。」「耕戰」是法家兵民合一的政策。平時「丈夫盡於耕農，婦人力於織紝」（〈難二〉）全民皆農，增加生產。一旦戰事發生，便把農民編入戰鬥行列，使全國皆兵。所以韓非說：「無事者國富，有事則兵強。」（〈五蠹〉）「有難則用其死，安平則用其力。」（〈六反〉）全國成年人都是生產和戰鬭團體中的一員。

法家這種政策，是以富貴爲誘餌，借賞罰的強制力以「急耕」、「厲戰」，發揮全民的力量，圖謀國家富強。韓非〈五蠹篇〉說：「夫耕之用力也勞，而民爲之者，曰可得以富也。戰之爲事也危，而民爲之者，曰可得以貴也。」

韓非以「耕戰」爲本務，以商工、技藝爲末作。至於孔墨之徒，言仁義、任俠行、及修文學、習言談，不事耕種，一並斥之爲五蠹，皆在禁除之列。這種耕戰社會，只以人民爲富強工具，忽視人民的福利及個人的價值。所以章太炎說：「韓非有見於國，無見於人；有見於羣，無見於子。」（《國故論衡．原道下》）蕭公權說：「韓非之重耕戰，幾乎欲舉一國之學術文化而摧毀掃蕩之，使政治社會成爲一斯巴達式之戰鬥團體。」（《中國政治思想史》第一編第七章第三節）

（參看：「五蠹」條）

重　人

重人，或稱重臣，或稱貴重之臣，或稱當塗之人，《韓非子．孤憤篇》整篇即討論這個問題。

所謂重人，是指弄權營私，卻能得到人君的信任和寵愛的大臣。韓非對重人一詞下過兩次定義。一見〈孤憤篇〉：「無令而擅爲，虧法以利私，耗國以便家，力能得其君，此所謂重人也。」「無令而擅爲」就是弄權，也就是韓非說的「執柄獨斷」。「力能得其君」是說重人有本事取得人君的信任和寵愛。另一見於〈八說篇〉：「貴臣者，爵尊而官大也；重臣者，言聽而力多者也。」區別貴臣與重臣的不同。「言聽」表示很得人君的信愛。「力多」表示執掌大權。

重人朋黨比周，欺君漁民，使國家危亡。制裁重人的辦法，韓非認爲人君要任用法術之士（知術治能行法之士，能看透重人的陰情，矯正重人的姦行），而且以功績分辨臣下的智行，以參伍術審察臣下的罪過。

（參看：「參伍」條）

第二篇　韓非哲學

前　言

韓非是法家的集大成者，也是先秦諸子晚出的健將。他的哲學挾着無比的震撼力，推動了戰國時代的巨輪，結束羣雄紛爭的局面，促成中國歷史上第一個大帝國的出現。可是他的思想在歷代卻遭受很多的非難和排斥。

韓非思想的被誤解，主要原因在他「薄仁義，厲刑禁，盡斥堯、舜、禹、湯、孔子」，處處與儒家思想相悖背。自董仲舒罷黜百家，獨尊儒術以後，孔孟所代表的儒家取得歷史上正統的地位，於是韓非思想被斥爲異端邪說。兩千多年來，玩政治的人們雖然都引用他的學說，可是表面上卻扛著儒家的招牌。誠如明代趙用賢說的：「世之言治者，操其術而恒諱其跡。」

相形之下，十五世紀意大利的馬基維利 (N. Machiavelli) 是一位幸運者。馬氏的哲學，大抵與韓非相同，但他的學說內容卻沒有韓非的謹嚴和深刻；可是，他的思想影響西方政治哲學又深且大。因此馬氏被尊稱爲「政治學之父」，他的《君王論》也被唐斯（B. Downs）列入《改變歷史的書》中。

韓非哲學的薄仁義，非道德，倡極權，視生民如芻狗，固然是他思想的弊端；可是他能在百家爭鳴當中，截斷衆流，拓展政治學領域，開啓一個新的時代紀元，並左右中國政治兩千多年，他在政治哲學所發的智慧光輝，已可以不朽。

自從滿翰（K. Mannheim）的名著《意識形態與烏托邦》❶提出知識社會學（Sociology of knowledge）以後，使我們深一層瞭解「存在決定意識」的重要性。他認爲決定思想知識的乃是存在因素，社會現實存在的各種因素，足以影響思想的內容、價值取向和思想結構。綜合知識社會學者的看法，影響思想知識的存在因素包括：歷史知識、社會現象、文化現象，以及思想家本身的潛能、認知和社會地位。透過這種認識，我們才能了解各種學說何以產生；某些學說何以代代相因；相同的思想背景何以出現不同的學說。譬如同樣是晚周社會背景，在思想上卻是百家蠭出，衆說紛歧。又如盧梭的《民約論》，邊沁（J. Bentham）的功利說，亞當史密斯（Adam Smith）的《國富論》，便是帝國主義政治或資本主義社會的自然產物。而近代西方哲學家史賓格勒（O. Spengler），社會學家素羅金（A. Sorokin），及史學家湯恩比（A. To-

❶ Karl Mannheim: *Ideology and Utopia*, translated by L. Wirth and E. Shils.

ynbee）一致提醒西方文化面臨危機，豈不是爲了這個世界已站近核戰邊緣，深怕整個人類遭受全面性燬滅的災厄而發出的呼喚。

韓非哲學是一種政治哲學，同時也兼有法律哲學。透過知識社會學的提示，我們希望更能確切把握其哲學的眞義，賦他以應得的地位。

第一章　時代背景與思想家

第一節　危機時代

戰國時代是中國歷史上少有的一個劇變時期，這個劇變的原因，主要是來自封建制度的崩潰。封建制度的崩潰，從春秋時代就開始醞釀，到了戰國時代更變本加厲。而封建制度的崩潰，使得周朝呈現出一片混亂局面。現在我們從幾個角度來觀察當時的社會現象。

一、階級的破壞

以社會制度來說，階級是封建社會的重要組織。封建組織由高至低，井然有秩，好比埃及的金字塔。塔的尖端是天子，天子底下，依次是諸侯，卿大夫、士和庶民。低階級服從高階級，各階級的權利義務劃分得很清楚，而所用的禮儀服飾也各有差別，不容僭越。

可是到了春秋時代，這種階級關係已逐漸動搖，有本事的人可以從這一階級跳到另一階級。以低僭高，以小凌大的事情，公開的上演。首先破壞階級關係的是諸侯。

天子君臨天下，統有天下的土地人民，是至尊無上的「一人」。可是周室東遷以後，國勢陵夷，威信日落，天子已無能綱紀天下，諸侯更不聽命於天子。本來諸侯對天子有貢賦的義務，但魯人不納貢賦❶，楚人也不貢包茅❷。役也是諸侯應盡的義務。役分工役與兵役，工役中最重要的是爲王築城；兵役或戍守京畿，或平王室之亂，或討伐諸侯。天子的兵卒不夠抵禦外侮，須靠勤王之師，天子最依賴各國，最希望各國報酬的，便是兵役。然而襄王出奔鄭，秦晉陳兵河上，久留不動，最後由於狐偃進諫，晉侯才送襄王返京城❸。敬王出奔狄泉，諸侯無一勤王的，結果使敬王蒙塵在外四年❹。依王室的規定，諸侯須朝聘述職。可是春秋初年，按時朝覲天子的諸侯已不多，《左傳》隱公六年記載，桓王登基三年，鄭伯如周始朝，王不以禮見。周桓公對王說：「我周之東遷，晉、鄭焉依，善鄭以勸來者，猶懼不既（至），況不禮焉？鄭不來矣。」這次以後，可能鄭也不來了。至於僭用禮儀服飾，更是常見的事。諸侯僭稱爲王的，先後就有楚、吳、

❶《左氏會箋》卷二，頁七八，文史哲版。
❷《會箋》卷五，頁一四。
❸《會箋》卷六，頁五四－六一。
❹《會箋》卷廿四，頁五七～卷廿五，頁五六。
❺依《史記．十二諸侯年表》，〈六國年表〉，〈吳太伯世家〉，〈齊太公世家〉，〈楚世家〉，〈越王勾踐世家〉，諸侯稱王的先後是：楚熊通稱武王（周平王三十一年），吳壽夢稱王（周簡王元年），越勾踐稱王（周敬王二十六年），齊田和滅齊君稱威王（周顯王十七年），秦惠文君稱惠王（周顯王四十四年）。而〈周本紀〉說：「自秦以後，諸侯莫不爲王。」

越、齊、秦等國⑤。秦作西畤，祭上帝⑥。魯行郊禮⑦。而秦、晉等大國更儼同天子，使小國朝覲⑧，接納貢賦⑨。封建的軍制，天子六軍，公侯三軍，伯二軍，子男一軍，規制嚴格。晉國是侯，只應有三軍。但晉悼公時已有四軍，文公爲了禦狄，作五軍，甚至一度擴增到六軍⑩與天子同等。當時諸侯野心勃勃，無不擴充軍力，欲爲盟主。結果各國的勢力高張，天子的地位日形低落。侮辱天子的使臣⑪，舉兵對抗王師，殺傷天子的事⑫，也一一演出。到了赧王時代，天子越顯可憐，只能以遊說勸阻各國的攻伐。如此苟延殘喘，最後東西周並爲秦所滅。

以上是諸侯僭越天子，天子不能制的情形。然而卿大夫的勢力也在日益擴張，他拿諸侯對待天子之道，來對待諸侯。

---

⑥《竹書紀年・晉紀》。《史記・秦本紀・始皇本紀・六國年表》。

⑦《左氏會箋》卷七，頁四九。

⑧《左傳》襄公二九年：「晉人徵朝於鄭。」

⑨《左傳》襄公三一年：「韓宣子爲政……魯不堪晉求。子產答士匄云：『以敝邑褊小，介於大國，誅求無時，是以不敢寧居，悉索敝賦，以來會時事。』」

⑩《左傳》襄公八年，僖公三一年，成公三年。

⑪《左氏會箋》卷六，頁四六。

⑫《左傳》桓公五年，王奪鄭伯政，鄭伯不朝，王率諸侯伐之，鄭伯擧兵禦王，結果王師大敗，王中箭傷肩。

諸侯對天子的違逆，各國的卿大夫都看在眼裏，既然有例可循，他們也就肆無忌憚了。僭用國君的禮制服飾，只是小事，賢如管仲都樹塞門有反坫，這是大家知道的，何況別人。當時各國大夫擅政專權，既不能令，又不受命，他們逕自代表國家，私下就可與外國訂立盟約。所以《穀梁傳》襄公三年說：「大夫相與私盟，是大夫張也。故鷄澤之會，諸侯始失正矣，大夫執國權。」因爲大夫執國權，溴梁之會，各國諸侯雖然都到會，《春秋》要說大夫盟，「大夫盟」就是政由大夫的意思。政由大夫，國君就如同多餘的贅旒了⑬。除了專擅政權，國君的廢立，大夫也要干涉。如晉獻公薨，里克連殺奚齊及公子卓⑭。丕鄭使人告公子重耳於狄，請納公子；同時呂甥、郤稱也使人厚賂秦國，爲夷吾運動⑮。齊田乞舉兵攻公宮，與大夫盟立悼公。田常弒簡公，立平公。田乞弒荼，立陽生⑯，都是例子。有些國君爲了取信臣下，甚至與其大夫相盟⑰。結果仍然無效，臣逐君，臣弒君的事，層出不窮。見於《春秋》的記載，弒君就有十一次⑱。戰國以後，

---

⑬《公羊傳》襄公十六年：「諸侯皆在是，言大夫盟何？信在大夫也。何言信在大夫？徧刺天下之大夫也。曷爲徧刺天下之大夫？君若贅旒然。」

⑭《左氏會箋》卷五，頁五一。

⑮《國語・晉語》二，九思版，頁三〇五。

⑯《史記・齊太公世家・田敬仲完世家》藝文版，頁五九三、頁七五〇。

⑰《左氏會箋》卷十四，頁一〇。

⑱《春秋》所載，卿大夫弒君有十一次：隱公四年，衞州吁弒其君完（閔公）。桓公二年，宋督弒其君與

此風更熾，人不以爲怪。田常殺簡公，安然爲齊相。所以太史公說：「諸侯晏然弗討。」⑲然而卿大夫的慾壑難塡，雖然他們已富強權重，公室已卑弱無力，還是不肯罷休，除非他們取諸侯而代之。這最後的一幕終於掀開了。韓、趙、魏三家分晉，田和也滅齊，都各自稱王⑳。魯君雖幸能保住君位，卻唯三桓是聽，一反君臣之禮㉑。

以上是卿大夫僭越諸侯，分滅公室的情形。可是好比螳螂捕蟬，黃雀在後一般，宰臣正伺於卿大夫之後，待機而動。季氏在魯國的聲勢最大，但險些被宰臣陽虎殺了。季氏雖專魯，而陽虎又專季氏㉒。季氏過衞，陽虎必使從南門入，從東門出。季桓子如晉，陽虎強使孟懿子往報夫人之幣㉓，二子不敢違，可見他聲勢之大。而且他敢於盟魯侯及三桓於周社，盟國人亳社㉔。後來

夷（殤公）。莊公六年，齊無知弒其諸兒（莊公）。莊公十二年，宋萬弒其君（閔公）。僖公九年，晉里克弒其君之子奚齊（獻公未葬，故不稱君）。僖公十年，晉里克弒其君卓。宣公二年，晉趙盾弒其君夷皐。宣公十年，陳夏徵舒弒其君平國（靈公）。成公十八年，晉弒其君州蒲（厲公）。襄公二五年，齊崔杼弒其君光（莊公）。襄公二六年，衞甯喜弒其君剽（殤公）。哀公六年，齊田乞弒其君荼。

⑲《史記．六國年表》第三。

⑳《史記》〈晉世家〉、〈趙世家〉、〈魏世家〉、〈韓世家〉、〈齊太公世家〉、〈田敬仲完世家〉。

㉑《史記．魯周公世家》藝文版，頁六〇六。

㉒《公羊傳》定公八年，新興版，頁一八二。

㉓《左氏會箋》卷廿七，頁四九。

㉔同㉓。

竟拘囚季孫，欲廢三桓嫡子，才被三桓的聯兵所趕跑㉕。家臣凌越跋扈的情形，陽虎不過一斑而已。

諸侯僭越天子，卿大夫僭越諸侯，家臣僭越卿大夫，這種事情的發生，主要是因爲君上不親政事，而臣下操持實權。以卿大夫來說，他們不但操邦國行政大權，而且還掌有全國的兵力。因此他們「專制擅命，徑爲而無所請」，結果逐君、弒君也就勢有必至了。

面對着這種低僭高，下凌上的危局，聰明的國君當然要想辦法來控馭羣臣，才能鞏固權位，保住老命。於是用術行法的法家思想也就應時而生了。

二、諸侯的兼併

戰爭是促進封建崩潰，新國家產生的一個重要原因。

春秋時期，一共二百四十二年，其間諸侯戰伐侵襲的次數，有二百九十七次㉖，平均每年有一次以上的戰爭。春秋以後，到秦滅六國爲止，這段時間戰風更盛，所以拿「戰國」爲名。可是我們要注意，春秋時代的戰爭與戰國時代不同。

㉕《左氏會箋》卷廿八，頁八。

㉖蘇軾〈春秋列國圖說〉、〈春秋提要〉所記，侵六十，伐二百十三，戰二十三，襲一，共二百九十七次。參看梁鎮中〈戰伐侵列表第六〉、〈春秋例表〉。

春秋時代盛行車戰，每次戰爭為時不過一天，傷亡人數也很有限，俘虜可以贖回。國與國之間訂的盟約可以維持相當長久的和平。作戰的結果，多取人田邑，或復封其君，或用賞臣下㉗。當時也有滅國的，但所滅之國都是蠻戎夷狄各部落，滅中國諸侯還是不被允許的㉘。所以春秋時代雖然攻戰頻繁，封建制度還勉強可以維持，不致全然崩潰。到了戰國，情況就不同了。戰術方面有了重大改變，戰爭以步兵為主，以騎兵為輔，這使戰局擴大，死亡率增高。春秋著名的晉楚城濮之戰，晉國出兵總共不過五萬多人；但戰國末期的秦趙長平之戰，趙國死傷的士卒就有四十五萬。壁壘戰術的使用，更使戰爭曠日持久，一場戰爭往往非數十日不能解決。這時國際間已無所謂信義，條約沒有拘束力，誠如太史公說的：「誓盟不信，雖置質剖符，猶不能約束也。」㉙而戰爭的主要目的在滅亡敵國。尊輔王室及諸侯不得相侵的戒條，無人理睬。只要有力量，不管同姓異姓，也不管是王室所封，或是僭位為君，都一一加以吞滅。因此周室所封百七十餘國，到

㉗ 如《左傳》僖公三一年，晉侯率諸侯伐曹，分其所侵地於諸侯，以濟西田與魯。隱公一一年，齊、鄭、魯伐許，以許與鄭。《竹書紀年》五〈晉紀〉，晉武公滅荀大夫原氏黯。

㉘ 春秋時期被滅的國，只有陳、蔡、許是中原之國。楚滅陳、蔡，隔了五年復封陳，隔了二年復封蔡，歸陳蔡太子之子，使仍為侯，君子以為禮。事見《左傳》昭公一三年。

㉙ 《史記・六國年表》。

戰國初期只剩二十多國，中期以後，竟成爲七雄對峙的局面㉚。而當時搶來的土地，國君都攫爲己有，不再另行分封。

戰國時代，因爲作戰方式的改變，以及政治上的停止分封，一方面促使封建徹底崩潰，一方面又爲新的君國催生㉛。爲了戰爭的需要，也爲了適應生存，不論大夫篡取公室的新興國家，或是原來的諸侯邦國，都相率實行軍國主義，積極擴軍，推行中央集權。同時，各國君主相競禮賢延能，變法圖強，夢想着建造一個大一統的新帝國。

在這種「爭氣力」，極戰功的時代，君權高張是必然的趨勢。儒家主張「道之以德，齊之以禮」的德治政治，顯然不切實際，而提倡「勢治」的法家思想，正適合各國政治的需要。因此，儒家思想不被接受，而法家學說卻能大行其道，成了戰國時代的顯學。這種現象，很可以從心理學、社會學找到解釋㉜。

㉚ 依《史記》所載，戰國時期滅國的情形有：宋景公滅曹，楚惠王滅陳，越王勾踐滅吳，楚惠王滅蔡、滅杞，楚簡王滅莒，田和代齊，韓趙魏代晉，韓哀侯滅鄭，楚威王滅越，秦惠王滅衞，齊魏楚分宋，秦昭王滅西周，秦莊襄公滅東周，楚威烈王滅魯，以及秦滅韓、趙、魏、楚、燕、齊。

㉛ 參看陶希聖的《中國政治制度史》第五篇〈六國政治制度〉册一，頁一三〇。

㉜ 佛洛姆（Frich Fromm）《逃避自由》說：「任何學說或觀念之影響力，須視它引起人們個性結構中，心理需要的共鳴的程度而定。唯有當一種觀念能迎合某一社會團體的心理需要時，它才會在歷史上成爲一有力的力量。」法家思想能在戰國風行，在此可找到心理上的根據。

三、商業的興起

前面我們從階級的破壞，諸侯間的兼併，去瞭解法家思想興起、用世的背景。現在要從另一個角度，即商業經濟的角度，來尋求法家思想應勢而生的道理。

從古籍的記載，我們可看到殷人已有經商遠方的行爲。如《尚書》載有西周政府告誡殷人酗酒的文獻說：「妹土（紂都所在地）嗣爾股肱，……肇牽車牛遠服賈，用孝養厥父母。」還有殷人用以鑄造鐘鼎的銅、錫，用以占卜的龜甲都非其管轄地區的產物，而是來自遠方的，可見當時有相當規模的商業。周人原是西方的農業民族，他們克服殷人以後，大行封建制度，採行農業經濟。西周的社會，就是過著比較平靜的農業社會。到了春秋時期，由於階級的僭越，及諸侯之間的兼併，農業制度遭受破壞，於是商業日漸興起。當時商人的地位及勢力，已經很可驚人。我們且看幾個例子。

晉使韓宣子向鄭商買玉，成交前，商人說：「必告君大夫。」宣子於是請於子產，子產說從前鄭桓公與商人同出自周，斬棘去荆，共居一處，世有盟誓：「爾無我叛，我無強賈」，以共相保，實不敢從命，去強奪商人。宣子才作罷㉝。弦高退敵，是大家都知道的。當時秦想偷襲鄭國，在路上卻被鄭國商人弦高碰着，他一面使人返國告急，一面詐稱鄭君派他送四張熟皮，十二

㉝《左氏會箋》卷廿二，頁四七。

條牛來犒勞秦軍。秦軍以爲鄭國有備，只好退兵㉞。雖爲了救急，弦高居然敢以政府代表自任，可見他平日在國內的聲望不在小。衞國原是殷朝故都，周人克殷以後，重劃土地，封給周朝功臣，那些失去田園的殷人，如同前面說的只好趕着牛車，經商養家。因此衞國一開始就相當商業化，到了春秋時更盛。出自商賈的子貢，他鬻財於曹衞之間，連騎束帛，以聘享諸侯。所到之處，國君莫不與他分庭抗禮。他不但能囤賤賣貴，家略千金；還是聖門中的大賢㉟。當時孔門弟子並不以商爲恥。范蠡是越國大夫，在陶經商致富，世稱陶朱公㊱。他原是貴族，但也從事商業了。

戰國以後，商業更加繁榮，許多國都已成爲熱鬧的大都市，像魏都大梁，趙都邯鄲，皆盛況空前。當時庶人可以經商致富，甚至因富而貴。像名重一時的呂不韋，便是陽翟大賈。他以庶民身分結交子楚，不但使子楚聲名諸侯，歸嗣君位；自己也貴爲秦相，封文信侯，始皇還尊他爲仲父㊲。戰國社會不但不輕視商人，商人地位之高，直可上登青天。

這種商業社會與封建制度下的農業社會，大大的不同。農業社會是靜態的社會，人際關係固

㉞《左氏會箋》卷七，頁五九。
㉟《史記・貨殖列傳》藝文版，頁一三三八。
㊱《史記・貨殖列傳》藝文版，頁一三三七。
㊲《史記・呂不韋列傳》藝文版，頁一〇一二。

定而單純，封建階級之間，在宗法規定下，有一定的禮俗來訂尊卑親疏之分，祭祀婚喪之別，平常和睦相處。一旦貴族發生爭執，不能解決，便成為政治問題，只好以干戈相見，普通刑法是用不上的。至於庶人並無田邑，也用不着講求這些維持封建體系的宗法或禮制。而且他們無恒產，故無恒心，容易放辟邪侈，為非作歹，若要他們安份守己的為統治階級努力生產，則非威之以刑不可。這是儒家「禮不下庶人，刑不上大夫」㊳的思想背景。商業社會就不然。商業社會是動態的社會，人際關係複雜而不定，人心不尚質樸，而用心計。不管行商或坐賈，人人都想囤積居奇，坐謀壟斷，有誰還想禮讓。再說，一切商業行為複雜，變化，人事來往多端，甚至有時涉及國家利益與政治行動，凡此種種，不是農業社會裏用的那套簡單禮制所能規範的，必須有套客觀正確的法，才能使人信守不渝。春秋以來，衞、鄭、晉三國皆是商業發達的社會，也都是用法治國的國家，而法家也都產生在這些地方。像衞有吳起、商鞅；鄭有子產、申不害；晉有鄧析、趙宣子。後來韓、趙、魏三家分晉，法家輩出。足證商業經濟是法治思想的社會背景㊴。

綜合以上所說，由春秋進入戰國，封建體制崩潰，貴族政治式微，干戈不休，新政權成立；農業制度破壞，商業繁榮，城市興起；信仰失準，道德泯滅，這眞是一個政治、經濟、社會結構

㊳《禮記鄭注》頁一〇，新興。
㊴本章第一節多參看沈剛伯〈從古代禮、刑的運用探討法家的來歷〉，《大陸雜誌》四七卷二期。瞿同祖《中國封建社會》第八章封建的崩潰。並參見書末附表「儒墨道名法五家人物國籍表」。

全面動搖的危機時代。處在這種大變動的時代中，有心之士都在嘔心瀝血，想找出一服有效的藥，來醫治時代的病，安定社會人心。於是百家爭鳴，處士橫議；不過唯有「法術之士」最能抓住時代的命脈，提出相應的方策。

第二節　四擊小國

上一節我們從春秋戰國整個大時代大環境中，去探討法家思想的背景，做為瞭解集法家大成的韓非思想的線索。本節要把範圍縮小，把探照燈轉向韓非的出生地——韓國。韓國是韓非的祖國，祖國的政治情況對韓非政治哲學的形成，必有更大的影響。

韓本是晉卿，三家分晉以後，才成為一個新興的國家。到了昭侯時，任用申不害為相。申不害是法家主倡「術治」的領袖。他任術治國，成績斐然，使韓國有一度安定的政局。依照《史記・老莊申韓列傳》的記載，當時是：「內修政教，外應諸侯，十五年終申子之身，國治兵強，無侵韓者。」這是韓國歷史上唯一光榮的一頁，時當西元前三五一到三三七年之間。其後韓的國勢就一蹶不振，而每下愈況。申子為「術治」之泰斗，卻不能替韓奠定長治久安的國基，韓非對這個問題在〈定法篇〉有一段精到的評論。他說：

韓者，晉之別國也。晉之故法未息，而韓之新法又生；先君之令未收，而後君之令又下。申不害不擅其法，不一其令則姦多，故利在故法前令則道之，利在新法後令則道之。故新相反，前後相悖，則申不害雖十使昭侯用術，而姦臣猶有所譎其辭矣。故託萬乘之勁韓，十七年而不至於霸王者，雖用術於上，法不勤飾於官之患也。

申子的徒術無法，使得姦臣能夠詐言譎辭，是韓非批評的重心。雖然如此，申子修術行道的歷史知識，卻給韓非留下一面鏡子，啓示他後來用術輔法的思想張本。

韓是七雄中最弱小的國家，地方不滿千里，可是強鄰環伺，東有齊，西有秦，南有楚，北有魏，這種地理環境，正像韓非說的「應天下四擊」[40]。當時列國想攻伐秦國，在地形上一定先打韓國，然後再攻秦國；而秦國要吞併六國，韓國是首當其衝，第一個遭殃的。綜觀韓國的歷史，欺凌韓國最厲害的是秦國。「韓事秦三十餘年，出者爲扞蔽，入者爲蓆薦，秦特出銳師取地而韓隨之，怨懸於天下，功歸於強秦。」[41]可是秦國並不感謝。韓的存在，對秦來說，就像人有腹心之病。在這種情形下，韓國政治左右爲難，徘徊於「縱橫」之間，舉棋不定。韓非對當時的局勢有過冷靜的觀察，他反對縱橫政策。他認爲「合衆弱以攻一強」的合縱，不但見不到利益，卻是「亡地亂政」；「事一強以攻衆弱」的連橫，不但見不到利益，卻是「亡地敗軍」。兩者都非治國之道[42]。於是韓非主張治強不可外求，一定要先從內政着手，這應該是子產治鄭的啓示。不過

---

[40][41]《韓非子・存韓》，梁啓雄《韓子淺解》頁一一，臺北學生書局。

[42]《韓子淺解》頁四八三。

他認爲要治好內政，必須服術行法，國家才能富強。

第三節　思想家與知識分子

從滿翰知識社會學的啓示，使我們瞭解一種學說思想的產生，不但反應現存的歷史、社會、文化背景及時代精神的影響，而且決定於思想家的生命形態及創造力。因此要探究韓非的哲學，除了認識他的時代，社會環境以外，還得知道他的生平事跡。只可惜有關他的記載太少，我們僅能就有限的資料，做一個合理的推測。

韓非大約生於西元前二八〇年，死於西元前二三三年[43]。這段時間是戰國七雄爭併最烈，也是韓國勢力日衰的時候。這是決定他扮演思想家兼知識分子角色的一個重要因素。

《史記》說，韓非是「韓之諸公子」。這種貴族子弟的社會地位，對韓非的思想頗有影響。封建制度下的農業社會，貴族是特權階級，他們役使人民，美衣美食，不必工作，而坐享其成。到了戰國時代，封建崩潰，商業繁榮。前面說過，商業化的社會是法家思想產生的背景。當時楚、魏、秦、韓等各國，爲了富國強兵，先後都實施法家的「刑名法術」之學。韓非就承繼這股

---

[43] 韓非生卒年，本文姑據陳啓天之說。《增訂韓非子校釋》頁九二七。

歷史知識，而集「刑名法術」之學的大成；可是同時他又提出重農輕商的主張。這種矛盾現象，只有從貴族的潛意識中去找消息。因爲商人重利輕死，不比農人唯命是從，一旦商人勢力膨脹，富敵王侯，而貴族威權頓然消失的恐懼感是可以理解的。

〈孤憤篇〉有一段話：「知術之士，必遠見而明察，不明察，不能燭私。能法之士，必強毅而勁直，不勁直，不能矯姦。」文如其人，這是韓非自我個性的描繪。「強毅而勁直」的性格，或許與他天生口吃的缺陷有關。如依美國哲人詹姆士（W. James）的說法，哲學家的人格有剛健氣質與柔順氣質的分別，則韓非的性格應屬剛健一類。剛健人格往往具有堅強的自信，濃厚的救世熱情，敢於批判傳統，並富有開創精神㊹。我們觀察韓非的言行正是如此。他曾師事荀卿，但思想與荀子大有不同㊺。他不但敢於甩棄道德因素，就政治論政治；而且在先秦各家之中，獨能跳出復古的窠臼。這與他的氣質豈能無關。

韓非的政治生涯，既短暫又不得志。他生平僅有一次用世機會，就是出使秦國。可是韓王派遣他，實出於不得已。本來韓非眼見祖國削弱，「數以書諫韓王，韓王不能用」，於是他才疾評時政：「所養非所用，所用非所養。」他「悲廉直不容於邪枉之臣，觀往者得失之變」，故發憤作書。由於他有一股不通的鬱結，才爲後代留下法家思想的精華——《韓非子》一書。他的書傳

㊹ 韋政通〈中國哲學史上的四種不同人格〉，《現代學苑》八卷五期，六〇年五月。

㊺ 韋政通〈韓非及其哲學〉，《現代學苑》八卷十一期，後收入《開創性的先秦思想家》。

到秦國，秦王看了大大的歎說：「嗟乎！寡人得見此人與之遊，死不恨矣。」於是秦王爲了得到韓非便急攻韓國。「韓王始不用非，及急乃遣非使秦。」㊻韓非一到秦國，便上書給始皇，說明緩韓攻趙的策略；但同門李斯從中作梗，結果不能取信於秦王。次年（233 B.C.）李斯竟與姚賈合謀，把韓非毒死獄中。眞巧，法家先進吳起、商鞅，他們都建有功勞，卻皆不得善終。吳起支解，商君車裂，韓非也死於非命。後世迂儒都說他們是「作法自斃」㊼。這種站在儒家德治仁政標準下的論斷，並沒有認清政治的實際情況。韋政通先生說：「我們認爲這種慘烈的事所以一再發生，主要是由於新舊勢力的鬪爭，和權力結構尚未獲得合理的控制所致。」㊽韋先生這種卓見可以切中事情的眞象。因爲法術之士強毅勁直，他們一被任用，必定燭重人的陰情，矯重人的姦行，不使他們圖利營私，所以「大臣苦法，細民惡治」㊾。韓非也瞭解這種情形，因此他在〈孤憤篇〉說：「是智法之士與當塗之人不可兩存之仇也。」

知識分子（The intellectual）是時代的眼睛，也是社會的良心。是時代的眼睛，所以能看

㊻《史記・老莊申韓列傳》藝文版，頁八六三。

㊼思慮縝密的劉彥和也說：「至於商韓，六蝨五蠹，棄孝廢仁，轅藥之禍，非虛至也。」《文心雕龍・諸子篇》。

㊽太史公已看出吳起之死，乃宗室大臣作亂。參見《史記・孫子吳起列傳》。

㊾《韓子淺解》頁一〇一。

清時局，認清趨勢；是社會的良心，所以能睠顧生民，批評當道。《時代周刊》（*Time*）[50]曾有篇論文認為知識分子必須滿足兩個條件：

第一，一個知識分子不止是一個讀書多的人。一個知識分子的心靈必須有獨立精神和原創能力。他必須為追求觀念而追求觀念。如勒奇（C. Lasch）說，知識分子乃以思想為生活的人。

第二，知識分子必須是他所在的社會之批評者，也是現有價值的反對者。

海耶克（F. A. Hayek）說，一個知識分子要博學多聞，能說善寫，接受新觀念比常人來得快[51]。

我們拿這些標準來衡量韓非，他的繫心家國，他的疾評時政，他為了拯救祖國而犧牲，眞是做到「舍乎全遂之道，而肆乎危殆之行」[52]。而且他的學說明時勢、切事情，超乎流俗，卓然特立。他實在不愧為一個知識分子的典型。

---

[50] *Time*, May 21, 1965. 引文參見殷海光《中國文化的展望》頁六四三至六四五，五五年文星書店出版。

[51] F. A. Hayek, The intellectuals and socialism, in the *Intellectuals*, edited by George B. de Husjar, Illinois, 1960, p. 372.

[52] 《韓子淺解》頁四〇四。

第二章　哲學基石

任何一種哲學都有它的理論根據。這種理論根據好比房屋的地基，地基穩固，高樓大厦才能建立；根據正確，偉大的哲學方能展開。要瞭解韓非哲學，探本窮源，我們必先從他的哲學基石下手。

第一節　實證的知識論

韓非認爲知識是起於感官經驗，而且要通過實際的驗證過程，這樣的知識才算眞知識，才是有用的知識。這種對知識的論點，可以稱之爲實證的知識論。

〈八說篇〉說：「酸甘鹹淡，不以口斷而決於宰尹（膳官），則廚人輕君而重於宰尹矣。上下清濁，不以耳斷而決於樂正（樂官），則瞽工輕君而重於樂正矣。……人主不親觀聽，而制斷在下。」這段話意指人君要親掌大權，否則大權旁落，反而受制於臣下。所以接着說：「今生殺之柄在大臣而主令得行者，未嘗有也。」但另一方面也表示，酸甘鹹淡的味道，要用口的感官去判斷，上下清濁的聲音要靠耳的感官去分辨。所以說要「親觀聽」才不致於受騙。〈內儲說上〉說：「觀聽不參，則誠不聞。」又說：「一聽則愚智分。」可見知識是建立於感官經驗的。

天下的是非由名實的問題而來，所以韓非說：「循名實而定是非。」「循名實」就是〈定法篇〉說的「循名而責實」，或〈二柄篇〉說的「審合刑名」。「名」就是言辭；「實」是指事物而言。實又稱爲刑或形。所以韓非說：「刑名者，言與事也。」名是用以指稱實在的事物的，《墨子・經說上》就說：「所以謂，名也；所謂，實也。」《尹文子・大道上》也說：「名者，名形者也；形者，應名者也。」韓非認爲言辭與事物之間要有一定的對應關係，否則便是「虛辭」。所以他強調「名正物定，名倚物徙。」（〈揚搉篇〉）一個「名」確定的指稱一件事物，叫「名正」，這一件事物被這個名所指定，叫「物定」。反之，一個「名」不能確定的指稱一件事物，叫「名倚」，這一件事物沒被這個名所指定，因此還可再用別的名去指稱它，叫「物徙」。可見「名正物定」之下，名與物之間才是一對一的對應關係。有了這種對應關係，我們才可以依「名」去求「物」，也就是可以「循名而責實」。循名責實就是爲了「定是非」，名實相符應爲是，名實不相符應爲非。所以〈外儲說左上〉說：「考實按形不能謾(欺)於一人。」於是韓非就利用「循名責實」來運術御臣。〈二柄篇〉說：「人主將欲禁姦，則審合刑名，刑名者，言與事也。爲人臣者陳其言，君以其言授之事，專以其言責其功。功當其事，事當其言則賞；功不當其事，事不當其言則罰。」這也就是〈主道篇〉說的：「令名自命也，令事自定也。……有言者自爲名，有事者自爲形，形名參同（合會），君乃無事焉。」

韓非說：「因參驗而審言辭。」「言辭」是「名」。「審言辭」就是要審察言辭是否合乎事實，也就是要「循名責實」。而它的方法就是「參驗」。「參驗」就是檢驗或驗證。如何「參驗」？〈顯學篇〉有很好的例子。那就是：

> 夫視鍛錫（金錫做的劍）而察青黃，區冶（善鑄劍者）不能以必劍（判斷劍的好壞），水擊鵠雁，陸斷駒馬，則臧獲（奴僕）不疑鈍利。發（見）齒吻形容，伯樂不能以必馬，授車就駕而觀其末塗（途），則臧獲不疑駑良。觀容服，聽辭言，仲尼不能以必士，試之官職，課其功伐，則庸人不疑於愚智。

從這段話可以看出，透過實際的檢驗，才能分辨或認識事實的眞象。韓非認爲，只有通過這種實際的驗證過程所獲得的知識，才是眞知識。否則就是「無緣（理）而妄意度」的「前識」（〈解老篇〉）。「前識」是猜測之詞，靠不住。韓非就是站在這個觀點去批評儒、墨爲「愚誣之學」。他在〈顯學篇〉說：「孔子、墨子俱道堯舜，而取舍不同，皆自謂眞堯舜，堯舜不復生，將誰使定儒、墨之誠乎？殷、周七百餘歲，虞、夏二千餘歲，而不能定儒墨之眞，今乃欲審堯舜之道於三千歲之前，意者（我認爲）其不可必（斷言）乎！無參驗而必之者，愚也，弗能必而據之者，誣也。故明據先王，必定堯舜者，非愚則誣也。」「無參驗而必之者」及「弗能必而據之者」，是韓非反對的重點。因爲沒經過驗證所下的結論或言辭，它的可信度和可行性，都値得懷疑。

韓非認爲「參驗」言辭還要用「四徵」去度量。他在〈八經篇〉說：「言會衆端，必揆之以地，謀之以天，驗之以物，參之以人。四徵者符，乃可以觀矣。」如此用天時、地利、物理、人情來檢驗言辭，必然比較合乎眞實，所以韓非自信的說：「乃可以觀矣。」

〈八說篇〉說：「說有必立而曠於實者，言有辭拙而急於用者。」理論只要不自相矛盾，人們可以各自立說，但很多學說往往不符合事實，所以韓非說它「曠於實者」。可見學說能不能成立是一回事，學說有沒有用（可行性）是另外一回事。所以韓非接着就說：「言有辭拙而急於用。」雖然辭拙但它合乎事實，因而很能用很管用（急於用）。由此可見「因參驗而審言辭」，不但要求言辭要合乎事實，而且要求言辭要有用。〈八經篇〉就說：「聽不參，則無以責下，言不督乎用，則邪說當（蔽）上。」〈問辭篇〉更明白的說：「夫言行者，以功用爲之的彀（標準）者也。……今聽言觀行不以功用爲之的彀，言雖至察，行雖至堅，則妄發之說也。」

綜合上述，〈姦劫弑臣篇〉說的「循名實而定是非，因參驗而審言辭。」可以看做韓非知識論的總綱領。從這個綱領可以把握到韓非的知識論是實證的知識論。

透過參驗的方法和實證的過程，發現人性的自爲自利，歷史的演變不居，以及注意事物的功用，這是自然的結果。所以說韓非基於實證的知識論，對於他的人性論、歷史觀、價值觀都有必然的影響。

第二節 利己的人性論

荀卿是先秦性惡說的創始人。韓非是荀子的學生，他對人性的看法多少受他老師的影響，但不盡相同。

荀子認爲人類的本性是天生自然，不憑學習。他說：「凡性者，天之就也，不可學，不可事❶。」韓非也說：「性命者，非所學於人也❷。」除此之外，荀、韓師生對於人性還有兩點相同的看法。第一是，肯定人類有普遍的性，不分聖人或凡人，君子或小人。第二是，從經驗的層面來觀察人類的生理需要和行爲。

荀子說天生之性，如好利、疾惡、耳目聲色之欲，沒有窮盡，一順其發展而不加節制，一定發生爭奪，犯分亂理，而歸於暴；然如有師法感化，禮義開導，便能歸治，所以說人性是惡的❸。可見他的性惡說，是隆禮義的根據。因爲天就本性不可學不可事；但禮義是可學可事的，以可學可事的禮義，來化治不可學不可事的天性，因此他說性善是「僞」的。「僞」就是人爲。用

---

❶《荀子集解》頁二九〇，世界書局。
❷《韓子淺解》頁五〇一，學生書局。
❸《荀子集解》頁二八九。

現代的話說，就是文化的成果。這是荀子性惡說的主旨。韓非以爲性「非所學於人」，進一步推出仁義不足以教化。因爲人性寡於仁，難於義，德厚不能止亂，威勢才可禁暴。所以說：「治國不恃人之爲善也，而用其不得爲非也。……故不務德而務法。」❹荀子雖說人性惡，但他想以禮教來化導，所以主張隆禮義。韓非則以爲人性鮮能爲善，也不必期其爲善，所以主張用法治國。這是韓非論性不同師說，別立新論的地方。

韓非從歷史的考察，人生的體驗中發現「好利惡害」❺是普遍的人性，支配人類的行爲。他舉了許多例子來證明「利害」是人際關係的紐帶。表現於父子的利害是：

> 父母之於子也，產男則相賀，產女則殺之。此俱出父母之懷衽，然男子受賀，女子殺之者，慮其後便，計之長利也。故父母之於子也，猶用計算之心以相待，而況無父子之澤乎❻！
>
> 人為嬰兒也，父母養之簡，子長而怨，子盛壯成人，其供養薄，父母怒而誚之。子父至

❹《韓子淺解》頁五〇〇。

❺《韓非子・難三篇》說：「好利惡害，夫人之所有也。……喜利畏罪，人莫不然。」〈外儲說左上篇〉說：「利之所在，民歸之；名之所彰，士死之。」類似之言，又見於〈奸刼弑臣篇〉、〈制分篇〉、〈內儲說上篇〉。

❻《韓子淺解》頁四二九。

親也，而或誰（責也）或怨者，皆挾相為而不周於為己也❼。

表現於夫婦的利害是：

后妃夫人適子（長子）為太子者，或有欲其君之蚤死者，何以知其然？夫妻者，非有骨肉之親也，愛則親，不愛則疏。語曰：其母好者其子抱。……其母惡者其子釋。丈夫年五十而好色未解（懈），婦人年三十而美色衰矣。以衰美之婦人，事好色之丈夫，則身死見疏賤，而子疑不為後，此后妃夫人之所以冀其君之死者也❽。

表現於兄弟的利害是：

饑歲之春，幼弟不讓（同餉，食也），穰（豐熟）歲之秋，疏客必食，非疏骨肉，愛過客也，多少之心異也❾。

表現於君臣的利害是：

君臣之際，非父子之親也，計數之所出也❿。

霸王者，人主之大利也。人主挾大利以聽治……富貴者，人臣之大利也。人臣挾大利以

❼《韓子淺解》頁二八〇。
❽《韓子淺解》頁一二三。
❾《韓子淺解》頁四六八。
❿《韓子淺解》頁三五一。

從事⑪。

> 君臣異心。君以計畜臣；臣以計事君，君臣之交，計也。……害身而利國，臣弗為也，害國而利臣，君不為也。……君臣也者，以計合者也⑫。

人倫之間，父子、夫婦、兄弟、君臣都拿利害相算計，常人往來，唯利是圖，更不在話下，像：

> 醫善吮人之傷，含人之血，非骨肉之親也，利所加也。故輿人成輿，則欲人之富貴，匠人成棺，則欲人之夭死也。非輿人仁而匠人賊也，人不貴則輿不售；人不死則棺不買。情非憎人也，利在人之死也⑬。

韓非列舉以上這些經驗事實，來說明利己乃是人性的本質，人類行為的準繩。值得注意的是，韓非論性重在考察人性的眞象，不重在善惡的評價。

韓非從經驗層面來探討人性，使人更能客觀的理解人性的內容。而且他利用「好利惡害」的人性，做為立法施政的根據⑭，頗合於心理學的效果律（Law of effect），可提高政治功能。這是他對人性論的收穫。但是「好利惡害」僅人性的一端，並非人性的整體。而韓非卻以它為人

---

⑪《韓子淺解》頁四三〇。
⑫《韓子淺解》頁一三七。
⑬《韓子淺解》頁一二四。
⑭《韓非子・八經篇》說：「凡治天下，必因人情。人情者有好惡，故賞罰可用。」

類行爲唯一的動因，所以主張治國「設利害之道，以示天下而已矣」⑮。施政如此，就難免發生「慘礉少恩」，塗炭生民的弊病了。

政治學者牟根索（H. Morgenthau）說：「一切政治現象，都受人性的影響，所以瞭解人性，乃是瞭解有關政治各種法則的唯一途徑。」⑯不過人性比生理的機能還要複雜，今後探討人性，應從多方面進行，更應借重現代行爲科學研究的成果，尤其是心理分析學⑰。

第三節　演化的歷史觀

歷來的極權主義無不建基於「歷史自足主義」（Historicism）之上，他們認定歷史本身便

---

⑮《韓子淺解》頁一〇五。

⑯ H. Morgenthau, *Politics among Nations.* 引文參見廖中和〈國際政治上的現實主義與理想主義〉，《幼獅月刊》三五卷，一期，六一年六月。

⑰ 如佛洛姆（F. Fromm）的《人的心》（*The Heart of Man*），《愛的藝術》（*Art of Loving*），《自我追尋》（*Man for Himself*），《逃避自由》（*Escape from Freedom*）等。佛洛伊德（S. Freud）的「心性發展」（Psycho-sexual development）學說，艾力克遜（E. Erikson）的「社會心性發展」（Psycho-social development）學說，及正茁壯的人文心理學（Humanistic Psychology）對人性的研討，都有很大的貢獻，值得我們注意。

是歷史的充足說明，歷史不會錯誤，而且有它本身的行程或使命⓲。這是不看事實，一廂情願的想法。韓非哲學也算極權主義的一種，但他對歷史的看法，並不如此。

韓非的歷史觀正同他的人性論一樣，是從經驗的層面，客觀的事實上來考察的。正因爲他能從經驗、客觀的角度着眼，所以他不道「上古之傳譽，先王之成功」⓳；他主張「變古」，反對「近世慕賢於古」⓴，而能跳出先秦各家復古的樊籠。我們歸納韓非反對復古的理由有下面三點：

第一，先王之道爲時久遠，不能確定，無法實行。他說：「孔子墨子俱道堯舜，而取舍（捨）不同，皆自謂眞堯舜，堯舜不復生，將誰使定儒、墨之誠乎？殷、周七百餘歲，虞、夏二千餘歲，而不能定儒、墨之眞，今乃欲審堯舜之道於三千歲之前，意者其不可必乎！」㉑各家的取捨不同，誰說的才是先王之道無法審定，既無法審定，那到底聽從誰的呢？

第二，歷史記載，往往乖謬失實，牽強附會。他說：「先王之言，有其所爲小，而世意之大

⓲ K.R. Popper: *The Open Society and Its Enemies* (Princeton Univ. Press 1950). 參閱陳少廷《極權主義底解析》引論，環宇出版社，五九年七月。

⓳ 《韓子淺解》頁五〇二。

⓴ 《韓子淺解》頁二二一。

㉑ 同⓳。

者；有其所爲大，而世意之小者，未可必知也。」㉒如先王有郢書，後世多燕說之類，如何使人相信。

第三，時代不同，需要各異。文王行仁義，能王天下；徐偃王行仁義，卻割地喪國。同樣是仁義，行於古者稱王，行於今者滅亡。這就是「古今異俗，新故異備」㉓，不能一味復古。

韓非主張變古，是因爲他洞察人類的歷史，演變不居。依他的看法，歷史可分爲三期：「上古競於道德，中世逐於智謀，當今爭於氣力。」㉔不同的時代，有不同的背景；不同的社會，有不同的需要。事之宜於古者，未必宜於今。道德、智謀適用於「人民少而禽獸衆」的「上古之世」，適用於「寡事而備簡」的古代，但不適於爭氣力的「多事之時」㉕。所以韓非提出：「世異則事異，事異則備變」㉖的主張。對於想用「先王之政，治當世之民」的儒墨，是他批擊的對象。他在〈五蠹篇〉說：

宋人有耕者，田中有株，兔走觸株，折頸而死，因釋其耒而守株，冀復得兔，兔不可復

㉒《韓子淺解》頁二六九。

㉓《韓子淺解》頁四七一。

㉔同註㉓。

㉕《韓子淺解》頁四四一。

㉖同註㉓。

> 得，而身為宋國笑，今欲以先王之政，治當世之民，皆守株之類也。

在〈外儲說左上篇〉，他又舉鄭人買履的故事來挖苦他們。故事說有個鄭人想買一雙履，他先量好自己腳的大小，就到街上去，卻把尺寸放在家裏。等他拿起履，才知道忘了帶尺寸，急忙回家拿。等尺寸拿來，市集收攤了，結果沒買到履。人家問他：「為何不用腳試穿？」他說：「我寧願相信尺寸，不相信腳。」這些不知變古的作法，韓非認為是「襲亂之迹」㉗。

可是我們要知道，韓非的變古並非標新立異，求時髦，他是根據經驗，依靠理智的。他在〈南面篇〉說：

> 不知治者必曰：「無變古，毋易常」，變與不變，聖人不聽，正治而已。然則古之無變，常之毋易，在常、古之可與不可。

韓非深知歷史演化，「治與世宜則有功」㉘，為政因時稱事，以變應變，所以他在有名的〈五蠹篇〉說：

> 論世之事，因為之備。

這種因時適事的精神正是韓非演化的歷史觀。這種歷史觀對「知識爆發」，時局劇變的廿世紀仍然有用。

㉗《韓子淺解》頁一三〇。
㉘《韓子淺解》頁五一七。

第四節 功利的價值觀

在先秦諸子之中，思考實際的政治問題，以韓非最富現實主義的色彩。而他的理論所以富有現實主義色彩，那是由於他的功利思想的結果。他的功利思想，與他的人性論、歷史觀關係密切，互爲影響。從經驗的、客觀的角度，透過敏銳的觀察力，他發現人性普遍貪婪自私，好利惡害；而歷史變遷不定，只有因應時勢才能生存。爲了可滿足人性的需求，適應時代的潮流，韓非認爲一個明主爲政，不能不拿「功利」當作權衡的標準。

諸子當中，除了韓非之外，墨子的價值觀也是功利的，但是他們的目標不同。墨子的「興天下之利，除天下之害」；與英人邊沁（J. Bentham）創始的功利主義（Utilitarianism）比較接近。功利主義爲謀最大多數人的最大幸福爲原則；墨子設想的對象也是芸芸衆生，天下萬民。而韓非卻不然，他看清利己之心是人類行爲的誘因和動力，因此用它作爲施行賞罰，運作謀術的根據，以達成鞏固君權的目的㉙。說明白一點：韓非就是以君王的功利爲功利。墨子爲百姓請命，韓非卻替君王設想，那是因爲前者出身賤民，後者爲韓國的公子。這可從知識社會學獲得解

㉙《韓非子·八經篇》：「治天下必因人情。人情有好惡，故賞罰可用，賞罰可用，則禁令可立，而治道具矣。」

釋。

韓非在〈問辯篇〉明白的說出「功用」是言論、行爲的標準。他說：

夫言行者，以功用為之的彀（標準）者也。今聽言觀行，不以功用為之的彀，言雖至察，行雖至堅，則妄發之說也。

因此韓非認爲賢明的君主在聽取臣下的建議，觀察臣下的行事時，要以「功用」責求他們的成果。「功用」是經驗的，也是客觀的，但享受「功用」的是君王而不是百姓。〈八經篇〉就說：「大臣有行則尊君，百姓有功則利上。」又說：「明王之道，賞必出乎公利，名必在乎爲上。」可見所謂「功用」也好，「公利」也罷，說的都是君王之利。那麼君王的功利又是什麼？當然是保住權勢。要保住權勢就得富國強兵，富國強兵的辦法就是農、戰，而農戰全賴人民效命。所以〈六反篇〉說：「君上之於民也，有難則用其死，安平則用其力。」用力耕作，效死戰場的，才合乎君王的功利。至於「微妙之言」、「貞信之行」、「商管之法」、「孫吳之書」皆不利耕戰，自然被視爲「無用」的禁品。

韓非基於實效功利的價值觀，反對儒家提倡的仁義道德。他說「貴仁者寡，能義者難」，仁義不能爲治，因此「言仁義者盈廷，而政不免於亂」。依他看，仁義是「害功」、「無用」的，無益於政治。所以他在〈顯學篇〉說：「明主急其助（賞罰）而緩其頌，故不道仁義。」其他像知、信、孝、友、慈、惠諸德，也都不利治道，通通在鄙棄之列。

韓非爲了達成君王的功利，主張「無書簡之文，以法爲教；無先王之語，以吏爲師。」這種箝制學術自由發展，扼殺文化生機的反智理論，實爲他哲學的大病根。至於他用實效的標準，置道德於政治之外，劃分實際政治與理想政治的不同，這是他在政治哲學上的貢獻。

第三章　韓非哲學中的法論

韓非的哲學不在搞觀念遊戲，而是用心於救國。他想鞏固君主的權勢，並促進國家的富強。他思想的核心有三大支柱，那就是法、術、勢。這是先秦法家思想的主要內容，韓非把它融爲一爐，並摻進個人的創見，因此集法家的大成。本章先就法而論。

第一節　法的法律意義

韓非說的法是一種用以治國的理論，它不純是法理學，也不純是政治學，而是參合法理於政治之中，以適應戰國時代的新理論❶。本節要從法律的角度，抽離的分解韓非論法的性質，和論法的精神。

❶ 陳啓天《韓非子及其哲學》，《增訂韓非子校釋》頁九五三。

法的性質：

一、法的成文性和公佈性

周朝的封建社會，貴賤有序，階級謹嚴。貴族爲了維護本身的權位，常拿秘密不成文的刑法，來統御臣民，使百姓恐懼而服從。所以鄭相子產公布刑書（536 B. C.），晉臣叔向譏笑他說：

> 先王議事以制，不為刑辟，懼民之有爭心也。……民知有辟，則不忌於上，並有爭心，以徵於書而徼幸以成之，弗可為矣。……民知爭端矣，將棄禮而徵於書，錐刀之末，將盡之。亂獄滋豐，賄賂並行，終子之世，鄭其敗乎❷！（《左傳》昭公六年）

廿五年以後，晉國也跟着要鑄刑鼎，孔子又批評說：

> 晉其亡乎！失其度矣……民在鼎矣，何以尊貴？貴何業之守？貴賤無序，何以為國❸？（《左傳》昭公廿九年）

從這兩段話可以看出，當時的刑律握在貴族手中，神秘不可測。叔向、孔子深恐法律一經公

❷《左氏會箋》卷廿一，頁四二。

❸《左氏會箋》卷廿六，頁三三。

佈，人民知法，就不忌於上，而貴族也就失去掌管法律的「業」。因此說，法律的不成文到成文，秘密到公開，是要經過一段血的鬪爭而成的。從這一個觀點看，韓非的論法已向前跨了一大步。

韓非在〈難三篇〉給法下了一個定義：「法者，編著之圖籍，設之於官府，而布之於百姓者也。」「編著之圖籍」是說法的成文性，「布之於百姓」當然指法的公開性。可知韓非說的法，是一種成文而且公佈的法。

以前的法是「刑不上大夫」的法，也就是說以前的法管不到貴族，只能管理人民。韓非說的法，除了君主超然法外，是用來兼治臣民的。它不但要使人民遵守，而且也要官吏遵守，同時也是執法者行法的根據。這可能就是韓非主張成文公佈法的理由。

二、法的客觀性

在韓非的理論中，國王雖然可以隨時立法，但立法是有客觀的標準的，它的標準就是「人情」。他在〈八經篇〉說：「凡治天下，必因人情。人情者有好惡，故賞罰可用。賞罰可用，則禁令可立，而治道具矣。」立法能因人情，依人性，在法的內容上就有了客觀性。

就存在來說，韓非主張法必須成文而且公布。法律一經成文記載，公布周知，便有了客觀性。有了客觀的法，一切行動才有依據，可以依法制事，依法任人，也可依法量功論罪。這就是韓非說的「動無非法」❹。〈南面篇〉又說：

> 人主使人臣雖有智能，不得背法而專制，雖有賢行，不得踰功而先勞，雖有忠信，不得釋法而不禁，此之謂明法。

人主要做到「明法」，是靠着有客觀的法存在。所以說：「夫懸衡而知平，設規而知圓」❺。要知平，知圓，一定要先「懸衡」、「設規」。可見韓非是深知法客觀性的重要。

三、法的公正性

韓非認爲法律要像鏡、衡般的客觀，但「搖鏡」，鏡就不明，「搖衡」，衡就不正。所以他進一步主張法律必須公正。韓非說的公正有兩層意義：第一是法律之前，人人平等；第二是功罪一依法定，不可故入故出。

法律之前人人平等，這是近代民主政治下的法律思想，但韓非論法已提出此種觀念。他有幾則文字說得最切：

> 刑過不避大臣，賞善不遺匹夫❻。

---

❹《韓子淺解》頁四〇。

❺《韓子淺解》頁一三六。

❻同❹。

> 誠有功，則雖疏賤必賞；誠有過，則雖近愛必誅❼，不辟（避）親貴，法行所愛❽。

不管大臣或匹夫，無論親貴或疏賤，都同樣受制於法，這樣才算公平。韓非在〈外儲說右上篇〉，引述楚太子犯「茅門之法」受罰於廷理的故事，就在說明法的公正性。

「徒法不能以自行」（《孟子・離婁上》），這句話說的很對。法律的條文是死的，而人是活的，執法的人如果不依法律的規定，只憑「自由心證」，那麼故入故出，一定要製造寃獄。韓非早已看出這點，所以他在〈制分篇〉說：

> 治國者，其刑賞莫不有分，有持異以為分，不可謂分。

「持異」就是同罪異罰，同功異賞；換句話說，就是故入人罪，故出人罪。如此就「不可謂分」了。「分」可說是分際，也可說是標準。他在〈有度篇〉又說：

> 明主使其羣臣，不遊意於法之外，不為惠於法之內，動無非法。

所謂「遊意」，就是打主意，用機心的意思。所謂「為惠」，就是施恩，循私的意思。不遊意於法之外，不為惠於法之內，才能不投機於尋找法律罅隙，循私舞弊，一切唯法是依。

為求法律的公正性，他一再強調執法者必須公正，他說：「吏者平法者也，治國不可失平

---

❼《韓子淺解》頁三三三。

❽《韓子淺解》頁三三八。

也。」❾

法律是社會正義的化身。韓非拿鏡、衡來喻法，認為行法是在「平不夷、矯不直」❿，他這種法理觀，眞可以「置之古今而不變，放之四海而皆準」！

四、法的強制性（含必然性）

我們認為韓非論法已包括兩個部分，第一是命令（Command），陳述法的要件；第二是制裁（Sanction），以賞罰促其行。法的強制性，是指藉制裁促使法能徹底實行。〈外儲說右上篇〉說：「信賞必罰」，〈外儲說左下篇〉說：「信賞以盡能，必罰以禁邪。」〈五蠹篇〉說：「必其賞罰」，〈難一篇〉說：「賞罰使天下必行之。」〈定法篇〉說：「賞罰必於民心」指的就是這個意思。賞罰是制裁，信必是徹底執行，是法的必然性。韓非以「賞罰」做為制裁的工具，而且必然執行，甚至主張厚賞重罰以求更高的效率。他認為強制性的法可以「不恃人之為吾善，而用其不得為非。」⓫這就是他主張治國不務德而務法的理由。

韓非未嘗不知道儒家說的「仁者無敵」、「為政以德」的理想很高，境界很美，只是在那爭氣力的戰國時代行不通。他說的法是以必然的賞罰為制裁，這樣便有拘束力，有了拘束力，便可

---

❾《韓子淺解》頁二九七。

❿《韓子淺解》頁三四二。

⓫《韓子淺解》頁五〇〇。

以責效求功，在亂世之中拿來治國。這是他眼力獨到，認淸時務的地方。

韓非用強制性的法責效求功，他的方法就是「循名責實」。「名」指法，「實」指事情的現象。只要「形（實）名參同」，就可決定賞罰，這是以簡馭繁的方法。然而「名」雖固定，「形」則變化複雜。如「殺人」就因犯意的不同，分成「故意殺人」和「過失殺人」。還有「無行爲能力」的人（像精神錯亂的人，未滿十四歲的人）殺人，他應負的刑責又和前面二者不同。所以不顧行爲動機，及現象背後的複雜性，一味以形名參同論賞罰，不但會產生寃獄，而且會流於苛政。〈二柄篇〉說：

> 羣臣其言大而功小者則罰，非罰小功也，罰功不當名也。羣臣其言小而功大者亦罰，非不說於大功也，以為不當名之害甚於無大功，故罰。

小功罰，大功也罰，只因爲實不當名而已，這已流於形式主義的窠臼了。胡適說的很對，「控名責實」是法家的長處，但其短處也在於此⓬。

法的精神與原則：

一、威嚇主義

韓非以爲人性「好利惡害」，在權衡現實利害之下，人們往往是「服於勢」、「聽於威」的

⓬ 胡適《中國古代哲學史(3)》頁九五。

⓭。他認爲順着這種人情，爲政才能收到效果，所以主張「嚴刑以威之」⓮，「法必嚴以重之」⓯。「嚴刑重罰」的用意。韓非在〈六反篇〉提出兩點理由：第一，姦人得到的利益小，受到的處罰大，這樣人民就不會貪圖小利甘冒大罪，因此重刑可以止姦。第二，重刑並非要罪罰某一個或某一些人，其目的是要借重罰犯人，來使人民知所「悼懼」。就是「重一姦之罪，而止境內之邪。」這叫做「以刑去刑」⓰。所以〈八經篇〉說：「罰所以禁也，民畏所以禁，則國治矣。」可見韓非嚴刑重罰的主張是採取威嚇主義。

嚴刑重罰的效力，是建基於人類有畏懼心，足以威嚇他，這是功利的想法。這當然是實情，但未必都如此。維納格拉多夫的《法的常識》就說：「人民遵從法律，是因爲理性的承認，或本能的遵守，或習慣，有時也因缺少有組織的抵抗力，並不僅靠對身體的強制力。」⓱韓非那種着意威嚇的嚴刑重罰，或許可以防姦止暴，無奈人心有不怕的時候，那麼法的鎭懾力，也就有窮盡的一天。老子不是說過：「民不畏死，奈何以死懼之。」在〈安危篇〉韓非自己也說：「人不樂

⓭《韓子淺解》頁四七二。

⓮同❺。

⓯《韓子淺解》頁五一九。

⓰《韓子淺解》頁五一五、頁二三七。

⓱本文參見協志工業叢書中譯本《法的常識》頁二二五。

生，則人主不尊，不重死，則令不行也。」

再說，人的犯罪，有時是情非得已，有時是失去理智，並非全出於貪利來的。譬如六十年十二月十三日，《中國時報》記載一位西藥房老闆林石樹，爲了使藥房繼續營業，被迫竊錢。六十八年二月十七日，《中國時報》又載有邱馮霖在臺北市南京東路三豐大樓電梯內搶刼十五萬元，不成，自刎身亡。但據側面了解：「死者生前曾欠了一筆爲數不小的債款，因此才出此下策動手搶刼。」就是明顯的例子。一般來說，人們犯罪，大多因爲克己不夠，可是社會、政治、經濟結構，以及教育方式的不合理，是須要負起相當的責任的。就像六十年十一月廿七日《聯合報》的調查報告，臺灣雲林縣的農民，每人一天所得新臺幣六元。這些人如非深受傳統文化「君子固窮」的薰陶，而鋌險爲非，豈是嚴刑重罰可以嚇的住嗎？這種現象是由於經濟政策的不合理，不是人品的問題。

韓非只看到人類的懼怕心理，就主張嚴刑峻法，是失之偏頗。難怪邱漢平在〈先秦法律思想〉一文譏諷韓非不知社會的病理⑱。

二、罪刑法定主義

「罪刑法定主義」是近代法律思想中的重要原則。但什麼叫做罪刑法定主義呢？簡單的說，

⑱ 引文見於楊鴻烈《中國法律思想史》上册，頁一三八，臺灣商務。

就是「無法律則無犯罪，無法律，則無刑罰」(Nullum crimen, nulla poena sine lege)。我國現行刑法第一條：「行爲之處罰，以行爲時法律有明文規定者爲限。」就是根據這一主義的精神定的。罪刑法定主義，可以說是人類了不得的文明成果，人權因它得到保障，人的尊嚴也因它而建立，它的得來實在不易！

從歷史上看，西洋有罪刑法定主義，不過近二、三世紀的事。我們看民主先進的英國，「光榮革命」（一六八八年）以前，國王常以敕令巧立罪名，來整治那些他不喜歡的人，其中以言論叛亂罪最多，凡是以言論批評國政的人，就被指爲叛亂，可是當時通行的普通法，並沒有這條規定。大革命前的法國，國王以密諭（Cachet）關人殺人的事，也層出不窮。所以在「人權宣言」中，特別強調不得「無法律加人罪名及處罰人」，並且主張「法不溯及既往」。十七世紀前的英國，其立法定罪(Bill of attainder)就是溯及既往法。當時的國會常於事後立法，故入人罪，處以極刑。鑒於這些歷史，因而美國於一七八七年制定憲法時，便明文嚴禁溯及既往的立法定罪。從此以後，罪刑法定主義的刑事政策，才相繼被各國所採用。如說「人權宣言」是罪刑法定主義，那麼它的歷史不過一百八十多年。

整個中國法制史，從來就沒有實施過罪刑法定主義，難怪李聲庭要寫〈中國古代沒有罪刑法定主義〉的大文章罵人⑲。不過，中國古代沒有罪刑法定主義政策是一回事，中國古代沒有罪刑

⑲ 李聲庭〈中國古代沒有罪行法定主義〉一文，發表於五十四年二月《文星雜誌》八八期。同期《文星》

法定主義思想是另一回事。雖然中國沒有過罪刑法定主義政策，但類似這一主義的思想，確曾在《韓非子》書中出現過。

罪刑法定主義第一個原則是有公佈的成文法。〈定法篇〉說：「法者，憲令著於官府。」又〈難三篇〉說：「法者，編著之圖籍，設之於官府，而布之於百姓者也。」這是指官方公佈的成文法。第二個原則就是「禁止適用類推解釋」。觸犯何罪，便處以何刑，設法無明文規定，就不能用「想當然耳」來類推解釋，比附援引，而入人於罪。韓非正有這種觀念。〈大體篇〉說：

> 古之全大體者，不引繩（法）之外，不推繩之內，不急法之外，不緩法之內。

「引外」、「推內」、「急外」、「緩內」，正是要用類推援引的方法，幹那背法循私的勾當，結果一定是故入故出的。韓非早已看出這種弊病，所以他在〈有度篇〉明白的勸君王說：

> 明主使其羣臣，不遊意於法之外，不為惠於法之內，動無非法。

「動無非法」，就是〈難一篇〉說的「遇於法則行，不遇於法則止」的意思。韓非還進一步說「至治」在於：

（續）上另有陸嘯釗〈又一部孟德新書——戴炎輝著《中國法制史概要》讀後〉一文，說：「中國清朝以前，君子專制總攬司法和行政，根本就沒有罪刑法定的影兒，何況經義可以折獄，比附援引，類推適用，更是國家的常法。」李、陸二氏同樣着意在罪刑法定主義的政策方面。

> 使人無離法之罪，魚無失水之禍⑳。

「無離法之罪」，正是「無法律則無犯罪，無法律則無刑罰」。

罪刑法定主義的第三個原則，是「法律不溯及既往」。就是說，法律公佈以前的行爲，雖然合於後來的法律規定，法律不能有溯及的效力。這一原則，《管子》已有論及，〈主政篇〉說：「凡將舉事，令必先行……其賞罰之數，必先明之。」〈法法篇〉更說：「令未布，而民或爲之，而賞予之，則是上妄予也。……令未布而罰及之，則是上妄誅也。」這一觀點韓非沒有明白論述。

周治平的《刑法總論》說，罪刑法定主義思想，可溯源於一二一五年英國大憲章的時代，而現代的罪刑法定主義（指政策），是十八世紀個人、自由主義發達以後的事。比「大憲章時代」早一千四百多年的韓非哲學，就已顯露罪刑法定主義思想的端倪，卻被他的獨裁專制的理論所抵消。可惜這一思想，中國歷代不見實行，而其思想的重要性，也沒人發現。形成這種現象，歷代的思想統治，和儒家重視家族忽視個性的倫理取向，也許應負大部分的責任。

三、適時精神

法律是維持社會秩序的工具，應該適應社會的需要而訂。可是社會時常變動，法律如不因之改變，必定要背悖人情。背悖人情的法律，不但不能使人信服，而且容易孳生厭刑惘罪的心理，

---

⑳《韓子淺解》頁二二一五。

如此要求國家平治是辦不到的。韓非是演化史觀的信仰者，他深知「世異則事異，事異則備變」的道理。他在〈心度篇〉說：「欲治其法，而難變故者，民亂不可幾（冀）而治也……時移而法不易者亂，世變而禁不變者削。」因此他明白的主張：

> 法與時轉則治㉑。

法能與時轉變，就能適合時代的需要，才不會與社會民心脫節，也才不致成為僵化的惡法。韓非這種法的適時精神，是法律思想中的一個重要原則。

四、法的統一穩固及可行原則

也許有人說〈解老篇〉有段文字反對變法。〈解老篇〉說：

> 法令更則利害易，利害易則民務變，……治大國而數變法，則民苦之。

這段話乍看之下，好像與「法與時轉」的精神相矛盾，可是細讀《韓非子》各篇，則又不然。〈解老篇〉反對的是指朝令夕改，「廢置無度」㉒，也就是反對法律沒有穩定性。可見這與因時制宜的適時精神，並無衝突。韓非了解法律的穩定和統一是重要的。所以他在〈亡徵篇〉說：「法禁變易，號令數下者，可亡也。」他又批評申不害不知法，致使「先君之令未收，而後君之

㉑《韓子淺解》頁五一七。篇末附錄七十七年三月十三日《經濟日報》一篇社論，說明法律與社會脫節的嚴重性：〈銀元何價？——從一宗海事賠償案例說起〉。

㉒《韓子淺解》頁四四八。

令又下。」〈五蠹篇〉說：「法莫如一而固，使民知之。」這才是韓非反對變法的原意。

要使人民能知法行法，他主張「法必詳事。」㉓在〈用人篇〉又說：「明主立可爲之賞，設可避之法。」「明主之表易見……其法易爲，故令行。」「一固」、「詳事」、「易見易爲」的法，人民才知所措手足，不然法律就無異於陷阱。一九三九年，美國聯邦最高法院於 Winter V. New York, 333 U.S. 507 一案判決說：「假如一個人可以被指爲犯了法，而這種法規定的犯罪行爲是含混 (vague) 與不肯定 (uncertainty)，以致於一般人的智慧不足以猜測它的正確意義；同時對其適用的場合不能加以分別，那末所謂法治便不存在。」㉔看了這段判決之後，我們可以知道韓非「法必詳事」且「易見易爲」的主張，是有他的卓識在。

第二節　法的政治意義

先秦法家的思想，可以說都是屬於治國術，雖然他們多少含有法理學的成分。韓非融會各派法家的精華，他論法比前人要來得詳盡，可是他對法律的實質問題並未涉及，只是特別強調任法

㉓《韓非子・八說篇》（《韓子淺解》頁四四四）。

㉔李聲庭〈法治是什麼〉，四十八年八月十六日《自由中國》二一四卷四期。

治國的重要性。如果從目的和功用上來說，韓非說的法是屬於政治的意義。

一、專制的利器

廿世紀美國法學俊彥龐德（R. Pound）曾說：「法律的開端，在約束私戰，保持秩序。」㉕韓非論法，就想拿法來維持社會秩序。他認爲「欲治者必惡亂」㉖，要止亂，就得行法。除了維持秩序以外，韓非更想拿法來統治全國人民。〈有度篇〉說：

一民之軌，莫如法。

「軌」是軌道、方法的意思。統治人民沒有比用法更好的途徑了。〈八經篇〉又說：

設法度以齊民。

這裏說得更清楚了，「齊民」就是「一民」，就是統治全國人民。

近代民主政治下的法律，也是一種統治人民的工具。但是法律的制訂是經過人民或代議士的同意才產生的，而且立法的目的，主要在保障人民的權利能夠自由行使，如果不是這樣，那麼所謂法律便成爲獨裁專制的最佳工具。韓非說的法便是如此。他論法只注意君王如何親掌賞罰，如

㉕ 龐德（Roscoe Pound, 1870-1964）《法的任務》。協志叢書中譯本。龐德與荷爾姆斯（O. W. Holmes）、白蘭德史（L.D. Brandeis）爲廿世紀美國三大法學鴻儒，影響近代法律哲學思想與美國司法制度之改革甚鉅。龐氏曾於民國三十五至三十七年任中華民國司法行政部顧問。

㉖ 《韓子淺解》頁四三一。

何禁姦、防私。只要求臣民愼守法令，卻不要求君王也同應受制於法，更無論人民的權利了。所以說韓非說的法，其實是帝王用來統御臣民的一種利器罷了。

韓非視法爲君王的命令或意志，並不代表理性，這和實證派（Positivist）法學家以法律爲「政治權威的產品」，有異曲同功之妙。

二、削除特權

封建政治之下，那些貴族宗室都是特權階級，不過我們在第一章分析過，春秋以後封建階級已開始崩潰，到了戰國時代，貴族勢力已殘存無幾。顯然這些貴族宗室不是韓非要削除的主要對象。韓非要削除的特權，就是那些當塗的「重人」。

這些當道的重人，「擅事要」，專國權，內外的諸侯、百官、郎中、學士都被他們利用。他們目無法令，爲非作歹，枉曲國法，便利私家㉗。〈詭使篇〉有一段話對特權的作爲說得很清楚：

> 悉租稅，專民力，所以備難，充倉府也；而士卒之逃事伏匿，附託有威之門以避徭賦，而上不得者萬數。夫陳善田利宅，所以厲戰士也，而斷頭裂腹，播骨乎原野者，無宅容身，身死田奪；而女妹有色，大臣左右無功者，擇宅而受，擇田而食。

㉗《韓子淺解》頁八一。

這段文字說明「有威之門」不但住最好的屋子，佔據最好的土地，而且還包庇逃避兵役，逃避徭役，逃避賦稅的勾當。這種情形如不改善，一定弄到「公家虛而大臣實」㉘的地步。這種不公平的社會，顯然無法使庶民力耕，使兵卒死戰的。

韓非說的法，是一種公正的法。而特權的存在，卻是行法的障礙，也是維持法律公正的致命傷。為了樹立法律的公正性，在政治上就必須剷除特權。再說，依照自利的人性論，君臣之間的利益是相衝突的。重人除了享受各種特權之外，如果聚黨已成，時機已到，他們乾脆來個「取而代之」。韓非早就看出這點，〈人主篇〉說：「人主之所以身亡國危者，大臣太貴，左右太威也。」太貴太威的結果是「必易主位」㉙，所以韓非在〈揚推篇〉主張「為人君者，披其木，毋使木枝扶疏。」這是為保全君主的權位，必須剷除特權。

此外，在〈孤憤篇〉可以找出要剷除特權的另一個理由：

> 智術之士明察，聽用，且燭重人之陰情，能法之士勁直，聽用，且矯重人之姦行。故智術能法之士用，則貴重之臣必在繩之外矣。是智法之士與當塗之人不可兩存之仇也。

這是勢不兩立的權力鬪爭。重人當道，智法之士就不被聽用。這對韓非來說，無異斬斷他施展抱負的機會，所以他要借循名責實的方法，用賞罰的利器，來除掉那些擋路的政敵。

㉘《韓子淺解》頁一一八。
㉙《韓子淺解》頁一二五。

三、人事制度化

法的客觀性和公正性表現在用人方面，就是〈說疑篇〉的「內舉不避親，外舉不避仇」。我們歸納韓非對於用人和升遷的言論，可有三項原則：

第一、依法擇人，量功　有了客觀標準才能建立公開公平的制度。韓非說：

明主使法擇人，不自舉也；使法量功，不自度也[30]。

卑賤不待尊貴而進，大臣不因左右而見。百官修通，羣臣輻輳。有賞者君見其功，有罰者君知其罪。見知不悖於前，賞罰不弊於後[31]。

第二、循資升遷　這是從注重資歷上建立制度。韓非說：

明主之國，遷官襲級，官爵授功[32]。

明主之吏，宰相必起於州部，猛將必發於卒伍[33]。

漢代宰相，必先試之畿輔，就受這觀念的影響。

第三、專任責成　這是從分權上來建立制度，頗合現代企業管理的「分權管理（Manage-

---

[30]《韓子淺解》頁三七。

[31]《韓子淺解》頁三五一。

[32] 同[23]。

[33]《韓子淺解》頁四九九。

ment by delegation)」精神。韓非說：

明主之道，一人不兼官，一官不兼事[34]。

明君使事不相干，故莫訟；使士不兼官，故技長；使人不同功，故莫爭。爭頌止，技長立，……治之至也[35]。

從以上三項原則看來，韓非在人事上是重制度化的。就拿今天人事行政學的觀點來說，還是有參考的價值。

第三節　法的社會意義

韓非說的法，是把它當作行爲價值的標準；同時是促進社會富強的驅動力。

一、是非的標準

韓非論法，主張守法的有賞，犯法的有罰，有功的必賞，有罪的必誅。而且他認爲守法受賞的行爲是有價值的，應該受到讚美；犯法受罰的行爲是沒有價值的，應該受到批評。所以〈五蠹篇〉說：「譽輔其賞，毀隨其罰」，〈八經篇〉說：「賞譽同軌，非（誹）誅俱行……有重罰者

---

[34] 同[33]。

[35] 《韓子淺解》頁二一八。

必有惡名。」這一主張的用意，便是〈大體篇〉說的「託是非於賞罰」。韓非用賞罰分別是非，就是希望拿法來當作行為價值的標準。

韓非為什麼要拿法當作是非的標準呢？這就是因時的對策了。戰國時代是空前未有的大變局，一切失去標準，人們的價值取向，各有不同。像孟子說的：「彼以其爵，我以吾仁」，到底富貴驕人，還是貧賤驕人就很難判斷。當時治者所尊的，常常是被治者所鄙的。如〈詭使篇〉說：

> 夫立名號，所以為尊也，今有賤名輕實者，世謂之高。設爵位，所以為賤貴基也，而簡(傲)上不求見者，世謂之賢。

〈六反篇〉也說：

> 畏死遠難，降北之民也，而世尊之曰貴生之士。學道立方，離法之民也，而世尊之曰文學之士。……寡聞從令，全法之民也，而世少之曰樸陋之民也。……重命畏事，尊上之民也，而世少之曰怯懾之民也。

像這種上下價值取向缺乏共識的社會，是政治危機。韓非認為這種現象的產生，是因為「上失其道」。他看出「民之急名也，甚於求利也」的人性，所以把守法受賞當作名譽，把違法受罰當作毀害，這樣人們就會趨名避毀了。這就是韓非拿法當作價值標準的用心所在。

韓非不但以法為是非的標準，而且是拿它當做人們行為唯一的價值標準。他在〈問辯篇〉

說：「言行而不軌於法令者，必禁。」〈五蠹篇〉也說：「明主之國無書簡之文，以法爲敎……以吏爲師……境內之民，其言談必軌於法。」

爲政如此，短期內或可「齊民」，可是這種政治，摧毀個人的尊嚴，箝住思想言論自由，阻礙學術研究，將使人性靈枯槁，造成學術文化衰落，這正是韓非哲學的大病根。如果照他的話去做，眞是要像他說的：「索國富強，不可得也。」強秦的速亡，就是一個鐵證。

二、富強之道

我們知道，戰國時羣雄征伐最爲劇烈，針對這樣「爭於氣力」的時代，一個富強的國家，才能對內求統一，對外禦勁敵。韓非看透這種局勢，所以在〈顯學篇〉說：「力多則人朝，力寡則朝於人，故明君務力。」所謂「力」就是指經濟力和軍事力。務力的方法，便是「耕、戰」。所以他在〈五蠹篇〉說：「富國以農，距敵恃卒。」〈心度篇〉也說：「能趨力於地者富，能趨力於敵者強。」依照他的意思，是要把整個社會編成一個耕戰團體，藉賞罰來鼓勵人民「急耕」、「厲戰」。平時使「丈夫盡於耕農，婦女力於織紝」㊱，厚儲社會資源。一旦戰爭發生，便把原有組織的農民，編入戰鬥行列，使全國皆兵。這就是韓非說的：

無事則富國，有事則兵彊㊲。

㊱《韓子淺解》頁三六六。
㊲《韓非子・五蠹篇》。

有難則用其死，安平則用其力㊳。

爲了鼓勵「耕戰之士」，韓非反對「商工遊食之民」。因爲他們不事生產，卻「聚斂倍農，而致尊過耕戰之士」㊴，這是違背法的公平原則。至於孔、墨之徒，他們言仁義、任俠行，不事耕戰，都是無益之民，同被指爲邦的「五蠹」，要受到禁除。

在韓非的「耕戰」社會裏，人民舍耕戰無「富貴」㊵，君主舍耕戰無「公利」㊶。他把人民視作富強的工具，卻忽視了個人的自由，和文化的價值。所以蕭公權批評說：「韓非之重耕戰，幾乎欲舉一國之學術文化而摧毀掃蕩之，使政治社會成爲一斯巴達式之戰鬪團體。」㊷

㊳ 同㉖。

㊴㊵㊶ 《韓非子‧五蠹篇》。

㊷ 蕭公權《中國政治思想史》第一編第七章第三節。

第四章 韓非哲學中的術論

人類自有政治開始，要弄權術的事情，便已存在。但第一個著書立說，明白把它說出來的可能是申不害。可惜他的書不傳，無法看個究竟。現在我們僅能從《韓非子》書中看到有關術的理論。申不害曾當過韓的宰相，韓非離他的時代不遠，一定看過他的書，採取它的精華，加上自己的創見。現有《韓非子》一書，論術的文字最多，而且也最精彩。這是他和馬基維利(N. Machiavelli) 同遭罵名的原因。

第一節 服術行法

韓非對於「術」的解釋，一見〈定法篇〉，一見〈難三篇〉。他說：

術者，因任（能）而授官，循名而責實，操殺生之柄，課羣臣之能者也，此人主之所執也。

術者，藏之於胸中，以偶衆端，而潛御羣臣者也。

依照這兩段話看來，術是人君暗中馭用羣臣，為他效忠、盡智、盡力的謀略。

一個人的力量是有限的，君主也是人，他的力量敵不過衆人，智慧也不能了解所有的事物。韓非在〈八經篇〉說，能使人盡力的，是中等的君主；能使人盡智的，才是上等的君主；至於要靠自己能力的，那是下等的君主了。聰明的君主要知人善任，但如何知人善任就必須用「術」。這是韓非主張用術的第一個理由。從利己的人性看，君臣的利益正好衝突。〈孤憤篇〉說的好：「主利在有能而任官，臣利在無能而得事；主利在有勞而爵祿，臣利在無功而富貴；主利在豪傑使能，臣利在朋黨用私。」君臣之際，是拿利害相算計的，因此他們「上下一日百戰」。如果君主無術，那臣下就容易蔽上營私了。何況用人的結果，是會使他「有勢」的，君主一不小心，可能有腦袋搬家的危險，為了禁姦防私，不可不用「術」。這是韓非主張用術的第二個理由。韓非主張用術的第三個理由可以從當時的時代背景去尋找。自春秋以後，階級破壞，諸侯僭越天子，大夫僭越諸侯，而宰臣也學諸侯、大夫的樣，來僭越大夫。弒君篡位的事情，層出不窮。三桓專魯，田氏篡齊，三家分晉的歷史，韓非一定看的很清楚。到了戰國，羣雄兼併，干戈不休，「邦無定交，士無定主」❶，整個社會不講道德，不講仁義，誰都不敢輕易的相信人。面對這種環境，韓非怎能不勸人君任術御臣。

❶ 顧炎武《日知錄》卷十七，「周末風俗」條。

韓非常把法術相提並論，如〈說疑篇〉：「術也者，主之所執也；法也者，官之所師也。」〈五蠹篇〉：「明主之道，一法而不求智，固術而不慕信。」又如〈大體篇〉：「古之全大體者，……寄治亂於法術。」但法與術究竟有差別。依蕭公權的看法，法與術有三點不同的地方：第一、法治的對象爲民，術則專爲臣設；第二、法者君臣所共守，術則君主所獨用；第三、法者公布衆知之律文，術則中心暗運之機智。

運術的功用在「馭臣安君」；任法的功用在「治民定國」。二者的作用雖然不同，但對爲政來說是同樣重要。這點韓非在〈定法篇〉說的很淸楚。申不害的徒術無法，商鞅的徒法無術，都是他反對的。他認爲兩者「不可一無，皆帝王之具」，要是人君能「服術行法」❷，統一天下便不難了。

第二節 無為術

無爲是道家政治的最高理想。從〈解老〉、〈喻老〉兩篇看來，韓非對《道德經》深有研究，他受老子的影響是可以想見的。但韓非談無爲術的精巧，已非道家的本來面目，從這裏也可

❷《韓子淺解》頁一一九。

以看出韓非的創造力❸。〈楊搉篇〉有一句話解釋無為說：

聖人執要，四方來效，虛而待之，彼自以之。

所謂虛待，是說人主不表示好惡智巧。所謂執要，是說人主要親掌二柄，循名責實。現在我們逐一說明。

一、不示好惡不顯智巧

人主好像是一個利害的箭靶子，羣臣環繞着它，注視着它，大家都想找一個可以乘的機會。最常見的是，順從人主的心意，人主喜歡的，他表現喜歡；人主厭惡的，他也表現厭惡。刻意做出君王想要的事，就可以得到「信幸之勢」❹。〈二柄篇〉說的好：「人主好賢，則羣臣飾行以要君欲，則是羣臣之情不效（顯），羣臣之情不效，則人主無以異其臣矣。故越王好勇而民多輕死；楚靈王好細腰而國中多餓人；齊桓公妒而好內（宮妃），故豎刁自宮（閹）以治內；桓公好味，易牙蒸子首而進之。」可見人主的「欲」一表現出來，羣臣就知道如何做「情態」了，而人主也就失去知人的機會。申不害也說：「慎而（汝）言也，人且和女（汝），慎而行也，人且隨女。而有知見也，人且行意女。女有知也，人且臧（匿）女；女無知也，人且行女。故曰：惟無

❸ 韓非無為之術，雖起於道家，其內容迴然有別。蕭公權有詳細的辯解。參見《中國政治思想史》頁二四六。

❹ 《韓子淺解》頁一〇二。

為可以規（闚）之。」❺因此為了認清羣臣，不使他們有「雕琢」、「飾行」的機會，韓非主張人主要「去好去惡」❻，要「去智與巧」❼，只要任賢使能，使智者盡慮，賢者效才，就能像〈主道篇〉說的：「臣有其勞，君有其成功。」這樣人主就「神」了！所以說：「人主之道，靜退以為寶」。

然而韓非說的「虛靜無為」，是要靠審形名，執二柄來推行的。

二、循名責實

「正名」問題，在韓非之前就有人討論過。像孔子說的名正則言順，言順則事成。像荀子說的，名是「約定俗成」❽。尹文子說的：「有名以檢形，形以定名；名以定事，事以檢名」❾。韓非的「循名責實」或「審合形名」與尹文子的比較相近。韓非是着意於使形符名，來控馭羣臣。

〈揚搉篇〉說：「用一之道，以名為首，名正物定，名倚物徙。」一個「名」能確定的指稱一件事物，就叫「名正」，不能確定的指稱一件事物，就叫「名倚」。「倚」的「名」，我們無

---

❺《韓子淺解》頁三一八。
❻❼《韓非子・主道篇・二柄篇・揚搉篇》。
❽《荀子・正名篇》（《荀子集解》頁二七九，世界）。
❾❿《尹文子卷上》。

法確定它指稱的是何「物」，因爲「物」沒被指定以前，還是會「徙」的。「名」與「物」是互相對應的，尹文子說得好：「名者，名形（物）者也；形者，應名者也。」⑩有了這種對應關係，如果「名正」了，就可依「名」去求「形」或「物」。這就是韓非循名責實的道理。

韓非的意思，要人臣自己「正」名，自己「定」事，然後由人主來依「名」求「形」，形名相合就賞，不然就罰。這就是「君操其名，臣效其形」。這個辦法在〈二柄篇〉說的很清楚，他說：

> 形名者，言與事也。為人臣者陳其言，君以其言授之事，專以其事責其功。功當其事，事當其言則賞；功不當其事，事不當其言則罰。

人臣陳其言時，就是自己在「正」名，君以其言授之事，就是自己在「定」事。這就是〈主道篇〉說的：「令名自命也，令事自定也。……言者自爲名，有事者自爲形。」話由你說，事情交你辦，辦好了，當然賞你，辦不好，就處罰你，你也沒話可說。這種拿你的手杜你的口，力量由你盡，成果我來收的辦法，眞是乾淨利落，妙不可言！

這種以簡馭繁的「形名」術，就是使人主無爲而無不爲的秘寶。它在用人、聽言、禁姦、防私、核功、行法時都用得著。它是勵行法術的靈魂，太史公拿「刑名法術」指稱韓非的學說，眞是切中核心。

三、親掌二柄

所謂「二柄」，就是刑和德。殺戮叫做刑，慶賞叫做德。馬基維利認爲人君要主持慶賞，但不可親掌刑罰⑪。韓非則不然。韓非認爲當臣的人都「畏誅罰而利慶賞」，做君王的應「自用其刑德」，這樣人臣才會害怕，爲你效勞，賣命。他在〈二柄篇〉說：

人主者，以刑、德制臣者也，今君人者釋其刑德而使臣用之，則君反制於臣矣。

韓非還舉一個歷史的例子來證明：

司城子罕謂宋君曰：『慶賞賜與，民之所喜也，君自為之；殺戮誅罰，民之所惡也，臣請當之。』宋君曰：『諾。』於是出威令，誅大臣，君曰：『問子罕也。』於是大臣畏之，細民歸之。處期年，子罕殺宋君而奪政。

馬氏不自用刑的用意，是在使人君積恩避怨，他卻不知道君主不親掌刑罰有失權身死的危險。韓非任術，所以「治吏不治民」⑫，這就是要轉移人民怨恨的目標，拿臣下當代罪的羔羊。〈主道篇〉說：「有過則臣任其罪」就是這個意思。可見人君親掌二柄，治吏不治民，不僅免遭怨懟，而且可坐收集權的利益，你說這不是「無爲」的妙用嗎？

第三節　人主不可信人

---

⑪ 馬基維利《君王論》，中華書局，何欣譯本頁八五。

⑫ 《韓非子・外儲說右下篇》（《韓子淺解》頁三三二）。

韓非站在利己的人性上出發，他反對君王相信別人。〈備內篇〉說：

> 人主之患，在於信人，信人則制於人。

臣下無骨肉之親，固不足信，就是有骨肉近親的妻兒、父母、兄弟，也都不可信。因爲他們自己不當「姦刼弒臣」，也可能替別人做媒介，或被別人利用。韓非就把妻兒、父兄列居「八姦」的首三位。而且他在〈八經篇〉也說：「亂之所生六也：主母、后姬、子姓、弟兄、大臣、顯貴。」這是他研究歷史，歸納出來的心得。所以他在〈備反篇〉感歎的說：「夫以妻之近與子之親，而猶不可信，則其餘無可信者矣！」

可是爲政又不可不用人，因此如何用人如何待臣，就成爲韓非研究的課題。

一、待臣之道

韓非認爲人臣的盡忠不是愛君，而是爲了「重利」，因此君主用人不必求忠臣。他說君主要在「有使人不得不爲我之道，而不恃人之以愛爲我也。」⑬什麼叫不得不爲我之道呢？就是〈難二篇〉說的：「以刑名收臣，以度量準下。」有功就賞你爵祿，有罪就罰你殺你，這樣臣下就不得不盡死力。所以韓非說了一句很驚人的話：「君不仁，臣不忠，則可以霸王矣。」⑭

依他的看法，君臣的關係不外兩種：一是牧畜；一是買賣。〈愛臣篇〉、〈二柄篇〉和〈說

---

⑬ 同④。

⑭ 《韓子淺解》頁四三〇。

疑篇〉寫的「明君之畜臣也」，就是說明人君的有臣好比牲畜犬馬。說得最清楚的要算〈外儲說右下篇〉的畜烏了。我把它抄下來：

> 明主之牧臣也，說在畜烏。……馴烏者斷其下翎，則必恃人而食，焉得不馴守？夫明主畜臣亦然。令臣不得不利君之祿，不得無服上之名……焉得不服？

他的畜臣如畜烏，就可以任他驅使。可是他卻忽視了士人有「君王不可以爲臣，諸侯不可以爲友」的風骨。接著他就說君臣的買賣關係是「主賣官爵，臣賣智力。」在〈難一篇〉，也說：

> 臣盡死力以與君市，君重爵祿以與臣市，君臣之際，非父子之親也，計數之所出也。

二、用人以才不以德

韓非認爲人君用人只要考慮他的才能，不必注意他的品行如何。就像上面說的，人君只要拿形名收臣，以度量準下，你不盡力也不可能。有兩段話他說的夠明白，〈八說篇〉說：

> 有道之士，不求清潔之吏，而務必知之術也。

〈說疑篇〉說：

> 明主不羞其卑賤也，以其能為，可以明法、便國、利民，從而舉之，身安名尊。

能「盡死力以爲其主者」⑮，就是韓非心目中的良臣。像豎刁、易牙、開方三個人，他們的舍己

---

⑮《韓子淺解》頁三五〇。

愛君，古今少有，韓非在〈難一篇〉就稱他們爲「忠臣」。齊桓公喜歡女色，又會吃醋，豎刁爲討他信任，把自己的生殖器給閹了，來爲他治理後宮。易牙因爲桓公好味，只有人肉沒吃過，他就把自己的兒子給殺了，用兒子的頭做菜送給桓公吃。齊、韓之間不過數天的行程，開方事君十五年，從來沒有回家看母親。你說人情上，那個人不愛自己身體？那個人不愛親生兒子？又有那個人不愛母親的？然而這三個人的做法，都能矯情背性，可見他們的愛是無根的，好比孟子說的「揠苗助長」罷了！韓非就昧於賞罰是萬應靈丹，可以使人人爲你盡力效死，這是他的迷惑處。

政治的良莠，全在於人爲。爲政的人有才無德，則其無視生民死活，假公權遂私慾的事情一定做得出來。政壇上這種人多了，國家的禍敗亂亡的命運，就很難避免了。我們只要多看看歷史就可以明白了。

第四節　聽言術

人主的智慧是有限的，他不能樣樣事情都想得到，看的清楚，而貼身的臣子都想順承君意，你說好的，他跟着稱讚，你說壞的，他隨著毀謗，來博取你的信任和寵愛。這樣一來，人主想不被蒙蔽也是很難的。韓非認爲人主要能「身在深宮之中，明照四海之內」，一定要講究聽言之術。

首先，韓非勸人君聽言時要惛惛若醉，不表示任何意見，任他去說。這話見於〈揚搉篇〉：

聽言之道：容若其醉，脣乎齒乎，吾不為始乎；齒乎脣乎，彼自離（述）之，吾因以知之。是非輻湊，上不與構。

其次，他認爲明主聽言，要博採衆議，不可獨聽一人之言。他在〈八經篇〉說：「上君盡人之智，是以事至而結智，一聽而公會。」〈亡徵篇〉說：「凡人主……聽以爵（爵位尊卑），不以衆言參驗，用一人爲門戶者，可亡也。」聽完話，做個比較，做個驗證，就知道你說的話誠不誠實。

話說得好聽是容易的，做起來是否有功效，就不知道了。戰國時候，各國君主求才若渴，因此處士橫議，說客雲起，掉起三寸不爛之舌，說得天花亂墜。爲了不被「蓋」跑，韓非勸人主聽言的時候，要督課言責。那就是〈主道篇〉說的：

羣臣陳其言，君以其言授其事，以其事責其功。功當其事，事當其言則賞，功不當其事，事不當其言則誅。明君之道，臣不得陳言而不當。

說話要負責任，那我乾脆不說行嗎？不行，你不說，人主就不得聽了。於是韓非又出了一個主意，來杜絕「不言以避責」的道路。他的辦法是：說了固然有責任，不說也有責任。〈南面篇〉說：

主道者，使人臣必有言之責，又有不言之責。……則人臣莫敢妄言矣，又不敢默然矣，

> 言、默則皆有責也。

說話有責任，不說也有責任，好，我就同時說好幾樣，也不置可否，留給你人主自己挑，這樣你就追究不到我了吧。像韓安國回答漢武帝的詢問說：「魏其言……魏其言是也。丞相亦言……丞相言亦是。唯明主裁之。」⑯這就是首鼠兩端的「衆諫」，韓非早就看到這一點。他說：「衆之諫也，敗君之取也。」因此他提出「臣不得兩諫」的方法。〈八經篇〉說：

> 明主之道，臣不得兩諫，必任其一，語不得擅行，必合其參，故姦無道。

說了要負責任，不說也有責任，兩諫也不行，那我還有一個辦法，我今天這樣說，明天那樣說，來個前言不對後語，看你奈我何？別高興，這種狡猾抵賴的辦法，韓非早有對策。他不允許你前言不對後語，他在〈南面篇〉說：

> 主道者，使人臣前言不復於後，後言不復於前，（前後相反則）事雖有功必伏其罪，謂之任下。

而且，在你說話的當天，還有「册籍」記載你說話的內容⑰。看你能賴皮嗎？

韓非的聽言術，實在厲害！它的周密已足以禁姦，不過忠諫的門也由此杜塞了，恐怖的政治也由此造成。我們先看〈二柄篇〉說：

---

⑯《史記・魏其武安侯列傳》藝文版，頁一一六三。

⑰《韓子淺解》頁四五〇。

為人臣者陳其言，君以其言授之事，專以其事責其功。功當其事，事當其言則賞；功不當其事，事不當其言則罰。故羣臣其言大而功小者則罰，非罰小功也，罰功不當名也。羣臣其言小而功大者亦罰，非不說於大功也，以為不當名也，害甚於有大功，故罰。……故明主之畜臣，……不得陳言不當……不當則罪。

看了這段話，請問誰還敢進言？他求羣臣要成爲預言家，每個人進言都要預知未來的成果。說不中固然不可，卽使說中，或大、或小也不可。四條路有三條是死巷子，剩下的一道「言路」，也許只供「告姦」去用了。請問這樣下來，「上君盡人之智」的理想怎能實現？這就是韓非太過於執着「形名」，流於形式主義的弊病了。

第五節 禁姦止亂

姦臣亂國、弒君的事情，歷史上層出不窮。人主爲了安身保國，一定要杜漸防微，「禁姦於未萌」。

一、削權門

大臣太貴，左右太威，人君做起事來實在不方便，如果搞不好，休說權位被奪了，就連一條老命也保不住。爲了安全起見，韓非主張先下手爲強，把那些不聽話的權門除掉再說⑱。他的方法是夠陰險的，我們看〈八經篇〉說：

> 官襲節而進，以至大任，智也。其位至而任大者，以三節持之：曰質，曰鎮，曰固。親戚妻子，質也。爵祿厚而必，鎮也。參伍責怒，固也。賢者止於質，貪饕化於鎮，姦邪窮於固。忍不制（以刑戳制）則不肆，小不除則大誅。誅而名實當，則徑（誅）之。生害事，死傷名，則行飲食，不然，而與其讎。此謂除陰姦也。

這段文字，可能是韓非論術最精彩的地方。才智之士，循級進官，他的位子已經爬到最高，不能再加時，就拿「三節」來挾制他。有時明殺，有時暗殺。有時借飲食下毒，有時借刀殺人。「親戚妻子質也」，這個方法眞妙！第一、表面好似厚禮大臣的親戚妻子，其實是拿他們當人質，使你有後顧之憂，不敢輕舉妄動。第二、與大臣連爲婚姻，娶妻生子，結上親戚骨肉的韌帶，使你狠不下心。這是對「賢者」不得已的方法。這些「權門」勢重危主，讓他活著礙事，殺他又無名，只好把他「陰除」了。

二、防姦術

人主有刼弑之患，大多由於權臣坐大。韓非探索權臣坐大的原因，在〈主道篇〉提出「五

---

⑱《韓非子・外儲說右上篇》說：「勢不足以化，則除之。」

壅」的說法。爲了明白起見，把它分開寫在下面：

一壅：臣閉其主——主失位。

二壅：臣制財利——主失德（得）。

三壅：臣擅行令——主失制。

四壅：臣得行義——主失名。

五壅：臣得樹人——主失黨。

韓非認爲這五種權力本來都該由人主獨擅的，如果由臣下操持，主道當然就會被杜塞了，所以人君一定要去此五壅。去壅之道，在先明察下姦。

韓非是一個熟讀歷史的人，他應用敏銳的觀察力，把歷史上人臣成姦的「術」，歸納出八種來，這就是有名的「八姦」。現在分述如下：

(1)同牀：夫人、愛妃因君王安居快樂的時候，或趁他醉飽的時候提出要求，事無不聽。人臣就以金玉珠寶賄賂她們，使她們迷惑君王，達成姦謀。

(2)在旁：優笑侏儒，左右近臣，唯唯諾諾，最會察言觀色，先意承旨。他們與人主同進同退，最能改變君王心意。人臣拿金玉玩好來賄賂他們，使他們改變君意，來達成不法的利益。

(3)父兄：側室公子、大臣廷吏，是人主愛重的。人臣拿音色子女賄賂他們，使他們代爲說話，以達成私利。

(4)養殃：樂美宮室臺池，好飾子女狗馬，是人主易陷於災殃的事。人臣盡民力以美宮室臺池，重賦斂以飾子女狗馬，來娛君意，亂君心，達到樹私利的目的。

(5)民萌：人臣散公財，行小惠，取惠民心，使朝廷市井稱讚自己，來杜塞君王，達成私欲。

(6)流行：人臣求辯士，養說客，操縱輿論，破壞君王的聲望。

(7)威強：人臣聚養俠客，威脅臣民，製造假民意，來要君行私。

(8)四方：人臣結歡外國，挾外力以自重，來脅迫君王，遂成己私。

接著，韓非在〈八姦篇〉提出防姦的方法。他說明君防「同牀」，要娛其色，而不使私請。防「在旁」，要使其身必責其任，不使多說。防「父兄」，要聽其言責其功，不令妄舉。防「養殃」，要知道貢物的來源，不使擅進擅退，不使羣臣度其意。防「民萌」，要親自處理利於民的措施，不使臣下行私德。防「威強」，要賞軍功，罰私鬪，不使羣臣行私。防「四方」，要拒絕諸侯不法的要求，不令羣臣挾外力以自重。

此外，韓非在〈內儲說上〉又提出「七術」來御臣。他說的「七術」是：一曰衆端參觀，二曰必罰明威，三曰信賞盡能，四曰一聽責下，五曰疑詔詭使，六曰挾知而問，七曰倒言反事。二、三兩項屬於法的範圍，前章已經討論過。一、四兩項「言會衆端，事多參驗」，在本章「聽言」中，也已論及，這裏不再贅言。現在把其餘的分述在下面：

「疑詔詭使」：這是故弄玄虛的辦法。疑詔，是人君數次召見臣下，使他久待，雖不任用，外人也會以爲他得君意，不敢與他爲姦。詭使，是人君使人時雖知道他做的，要佯裝不知，要拿別的事試他，或問他人，這樣臣下就不敢造假。我們還是引韓非說的例子：

龐敬，縣令也，遣市者行，而召公大夫而還之，立有間，無以詔之，卒遣行。（不命，卒遣去，俱不測其由）市者以為令與公大夫有言，不相信，以至無姦。

戴驩，宋太宰，夜使人曰：「吾聞數夜有乘轀車至李史門者，謹為我伺之。」使人報曰：「不見轀車，見有奉笥與李史語者，有閒，李史受笥。」

「挾知而問」：人君知道假裝不知道的去問臣下，那麼他不知道的事，也會顯露出來。他舉的例子是：

韓昭侯握爪，而佯亡一爪，求之甚急。左右因割其爪而效之。昭侯以此察左右之不誠。

「倒言反事」：這是把話說顚倒，或從事情的反面去做，來察出眞情的辦法。他舉的例子是：

有相與訟者，子產離之，而無使得通辭，倒其言以告，而知之。

山陽君相衞，聞王之疑己也，乃偽謗樛豎以知之。

總而言之，韓非論術的極致在使「明君無爲於上，羣臣竦懼乎下。」⑲所以任術御臣，其目的是在安君。

---

⑲《韓子淺解》頁三〇。

第五章　韓非哲學中的勢論

我們從第一章的討論可以看出，春秋時代各國爭的只是一個霸主，戰國時代就不同了。戰國的政局就像韓非說的「爭於氣力」，這時羣雄都想滅亡他國，統一天下。爲了富國強兵，各國都逐漸走向中央集權的道路。所以蕭公權說：「戰國時期政治之最大特點爲君權擴張。」這個時候，一個強而有力的領袖出來領導是很需要的，因此，韓非的任勢尊君，可以說是適時之論。

第一節　極權主義

法、術、勢，是韓非政治哲學的三根大柱。但拿戰國政治形勢來看，任勢顯然是比較重要。法家勢治的理論，從愼到開始，到了韓非，不但承繼他的學說，而且向前邁進了一大步。韓非論勢，是着重在權力的運用方面。他在〈難勢篇〉說：

> 夫勢者，名一而變無數者也。勢必於自然，則無為言於勢矣；吾所為言勢者，言人之所設也。

這段話是韓非用來表明他說的勢，與前人說的不同。前人說的是「自然之勢」。什麼是「自然之勢」呢？因繼承得來的權位，就是自然之勢。這種勢是父傳子，子傳孫，不是一個人可以設置的。這種勢，韓非不談，他要談的是「人之所設」的勢。人設的勢其目的在使中君治國，不必待賢。可以補救人存政舉，人亡政息的缺點。那什麼是人設的勢呢？就是「抱法處勢」。用現代話說，就是透過法律制度，借賞罰來行使政治權力治理國家。所以韓非說：「夫棄隱括之法，去度量之數……無慶賞之勸，刑罰之威，釋勢委法，使堯舜不能治三家。」「隱括」、「度量」就是指法律制度。這是從反面說的話。〈八經篇〉有一段正面的話說：「君執柄以處勢，故令行禁止。柄者，殺生之制也；勢者，勝衆之資也。」「柄」就是法。「執柄處勢」就是「抱法處勢」。抱法處勢的過程，就是權力運用的過程。這個過程留待下一節再說，這裏我們先討論君主如何掌權。

韓非認爲，一個君主要受尊重一定要「操權」❶，君主操權才能制天下、征諸侯❷。他曾經拿馬來比喻權力，他說：「國者，君之車也；勢者，君之馬也。」❸捨馬，車不能動；無勢，則國無以治。權力對於國君是如此的重要，因此他主張：君主第一件事就是追求權力；而且要集權

❶《韓非子．心度篇》說：「主之所以尊者，權也……故明主操權而上重。」

❷《韓非子．人主篇》說：「萬乘之主，千乘之君，所以制天下而征諸侯者，以其威勢也。」

❸《韓非子．外儲說右下篇》。

力於一身，不可把權力借人。我們把他的話引在下面：

> 〈顯學篇〉說：「力多則人朝，力寡則朝於人，故明君務力。」
>
> 〈內儲說下篇〉說：「權勢不可以借人，上失其一，臣以為百。」又說：「勢重者，人主之淵也，君者，勢重之魚也。魚失於淵而不可復得也，人主失其勢於臣，而不可復收也。」

把權力借給臣下，不但收不回來，還會弄到身滅國亡。所以〈人主篇〉說：「人主失力而能有國者，千無一人。」

韓非不但主張君主集權，還允許暴君的存在。他在〈忠孝篇〉說：「人主雖不肖，臣不敢侵也。」堯舜的禪讓，湯、武的革命，在他看來都是「反人臣之義，亂後世之教」的。

現代心理分析學家佛洛姆（F. Fromm），他對極權主義的分析有特殊的貢獻。他在《逃避自由》一書中說：「獨裁主義依靠其最高的權力而得到力量，這個權力是永遠不可反抗也不可改變的……在獨裁的哲學裏根本就沒有平等的觀念……他們認為世界上有二種人，一種是有權的，一種是無權的，有權的在上，無權的在下。」❹依照他的看法，韓非的哲學顯然是一種極權主義的思想。佛洛姆還說：「渴望權力是虐待狂最顯著的一個現象。」❺他把虐待狂的傾向分成三

---

❹ 參見莫迺滇中譯本《逃避自由》頁一一八—一一九。

❺ 同前書，頁一一二。

類，「其中有一種是想使別人倚賴他們，並且有絕對及無限制的權力來控制別人，只不過是將別人視為工具而已。」❻韓非說的：「有使人不得不為我之道，而不恃人之以愛為我也。」❼又：「以刑名收臣，以度量準下」❽，和那畜臣如畜烏的作風，不正是「想使別人倚賴他們」嗎？韓非主張「操權」、「權勢不可借人」及允許暴君存在的極權思想，不正是「有絕對及無限制的權力來控制別人」嗎？韓非為了國家富強（其實是獨裁者的利益）要使全國皆兵，全民皆農，不也是「將別人視為工具而已」！現代心理分析及經驗論者都能列舉無數的例證，說明虐待狂的人內心都存有孤獨與無權的感觸❾。我們試看韓非一生不得志，與他那「孤憤」的哀號，就可以明白韓非帶有虐待狂的傾向。

我想從極權主義的心理分析下手，是探討韓非哲學一條新的途徑。

第二節　權力的功能

❻ 同前書，頁一〇四。
❼《韓子淺解》頁一〇五。
❽《韓子淺解》頁三六四。
❾ 同❹，頁一〇八，一一八。

韓非重視權力，甚至不惜爲暴君辯護，是因爲他深知權力有其重大的功能，符合當時的需要。我們歸納韓非的說法，人君任勢是可以達成三項目的：一是尊君，二是安國，三是治國。不過要達成三項目的，就端賴權力的運用，和權力的功能。下面我們就《韓非子》各篇歸納出各種權力的功能：

(1)〈難勢篇〉：「勢位足以屈賢。」「屈賢」是權力的第一功能。

(2)〈內儲說下篇〉：「賞罰者，利器也。君操之以制臣，臣得之以壅主。」〈內儲說上篇〉：「威寡者，則下侵上。」「制臣」是權力的第二功能。

(3)〈五蠹篇〉：「民者固服於勢。」「服民」是權力的第三功能。屈賢、制臣、服民，就是爲了尊君。

(4)〈顯學篇〉：「夫上陳良田大宅、設爵位，所以易民死命也。」〈詭使篇〉：「夫陳善田利宅者，所以厲戰士也。」「厲戰」是權利的第四功能。

(5)〈顯學篇〉：「威勢可以禁暴，而德厚之不足以止亂也。」「禁暴」是權力的第五功能。

(6)〈外儲說右上篇〉：「善持勢者，早絕其姦萌。」「絕姦」是權力的第六功能。厲戰、禁暴、絕姦三者，就是爲了安國。

(7)〈八經篇〉：「勢足以行法。」「行法」是權力的第七功能。

(8)〈顯學篇〉：「急耕田墾草，以厚民產也。」〈五蠹篇〉：「以其耕作也賞之。」「急耕」

是權力的第八功能。行法、急耕二者，是爲了治國。

以上這些功能，並非單憑權力就可實現，還得靠二柄（賞、罰）的運用才能奏效。上節說：「君執柄以處勢，故令行禁止。」處勢之後才能執柄；執柄也用來固勢。所以賞罰必假勢以施行；勢也因賞罰而表現。這是權力運用的過程。爲了明白起見，現在將韓非任勢的功能，及其運用的過程圖解如下⑩：

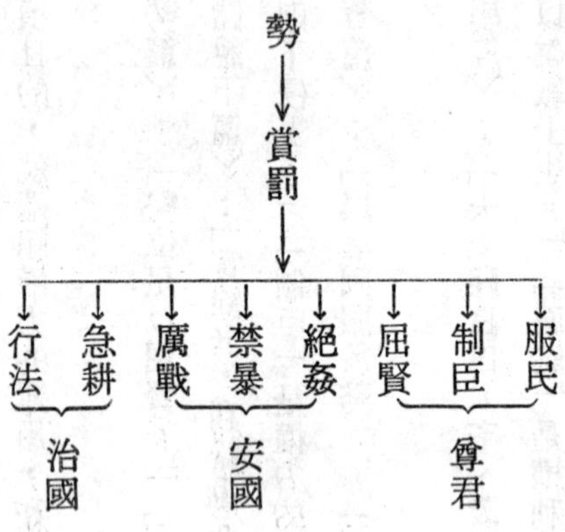

⑩ 參見韋政通《開創性的先秦思想家》，臺北，現代學苑月刊社，六十一年三月。

圖中的箭頭，表示權力運用的過程。

第三節 勢與法術的運作

先秦法家有三大派別，就是愼到的重勢派，商鞅的重法派，和申不害的重術派。到韓非出來，就兼採三派的精華，成了法家的大宗。而勢、法、術三者，也就成爲韓非哲學的三大重心。〈難勢篇〉說：「抱法處勢則治，背法去勢則亂。」〈外儲說右下篇〉說：「國者君之車也，勢者君之馬也，無術以御之，身雖勞猶不免亂。」〈定法篇〉說：「君無術則弊於上，臣無法則亂於下。」〈大體篇〉說：「古之全大體者，……寄治亂於法術。」韓非把勢、法、術三者相提並論，他認爲三者都是「帝王之具」，缺一不可。現在我們歸納韓非的意思，將三者的關係，繪圖說明如下⓫。

這個圖顯示：⑴人主的勢，必須透過法、術的運用，才能表現其權力的功能。〈觀行篇〉說的：「有賁育之強（勢），而無法、術，不得長勝。」就是這個意思。⑵人主有勢做後盾，然後才能行法、運術。而行法、運術，反過來正爲了鞏固人主的勢。⑶韓非任術在「治吏不治民」，

⓫ 同⓾。

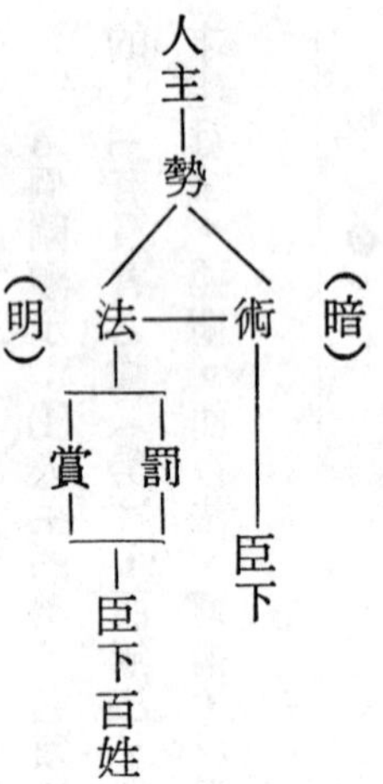

而行法則借賞罰兼治臣民。任術所以御羣臣，課其能，而「爲人臣者，畏誅罰而利慶賞」，所以服術爲了行法，而行法也用來固術。二者關係密切，如果能相輔相濟，就能國治君安。(4)人主行法可以公開，運術卻是暗中來的。所以〈八經篇〉說：「明主之行制（殺生之制）也天，其用人也鬼。」天是光明正大的，鬼是神秘不可測的。

第四節 赤裸權力

權力是政治的核心問題。從權力的運作方式，可以看出政治的民主或專制，也可以看出人類的文明或野蠻。政治學家拉斯威爾說：「政治學是研究權力的科學。」[12]十五世紀意大利的馬基

[12] Lasswell, H.D. and A. Kaplan, *Power and Society: A Framework for Political Inquiry*, p. 82, Rale Univ., 1950.

維利，他因爲寫了《君王論》討論權力問題，於是被尊稱爲「政治學之父」。他的《君王論》也被美國唐斯（Downs）博士列入《改變歷史的書》。可是比馬基維利早一千七百多年的韓非，對權力的重要和功能就有相當深刻的見解。可見韓非的重視權力，是一種早熟的進步的思想。

因此，韓非的重視權力，並無不對，我們要批評的是，他講究的權力是羅素說的那種赤裸權力。羅素說：「赤裸的權力通常是軍事的，其形態不外對內專制，或對外侵略。」⑬又說：「赤裸的權力，即那種未得人民同意與掩護的權力。那是屠夫加於馴羊，侵入的軍隊加於被征服的民族，警察加於被發覺的叛徒的權力。」⑭

韓非已看出權力是中性的。所以他在〈難勢篇〉會說：「夫勢者，非能必使賢者用己，而不肖者不用己也。賢者用之則天下治，不肖者用之則天下亂。……夫勢者，便治而利亂者也。」能「便治」，也可以「利亂」，這正是中性。同時，韓非也知道權力有多種形態，而且權力有互相轉變的性能⑮。所以他在〈難勢篇〉又說：「夫勢者，名一而變無數者也。」因此，他想將中性的「勢」，轉化爲法律的勢，借賞罰的功能達成「便治」的理想。所以他提出「抱法處勢」的辦法來。但問題就出在「法」上了。韓非的法不是民主政治下的法，而是君主根據自己的意思，隨

⑬⑭　羅素《權力論》，涂序瑄中譯本，頁二五，五七。
⑮　同前書，頁四：「權力如同能力，必須認是繼續不斷的從這一種形態轉變爲其他一種形態。」

時可立，隨時可廢的法。這種法顯然不經人民的同意，因此站在法上面的權力也是「未得人民同意與掩護」的。所以說，韓非講的勢是赤裸的權力。

赤裸權力用於混亂非常之時，不啻爲救急之藥，但它也正是人類的災害和悲劇的主要來源，我們看看歷史的記載，眞是斑斑可考。愛好權力是人類最強烈的一個動機，因此，每一個掌權的人都想擴大他的權力，而且貪婪不休。誠如英儒艾克通（Lord Acton）說的：「凡權力必定腐化，絕對的權力，絕對的腐化。」（All power tends to corrupt and absolute power corrupts absolutely.）韓非知道任勢救急，他提倡君主極權，卻不能有效抑制權力的泛濫，這是他政治哲學的大病根。

第六章　韓非哲學的影響與智慧

中國的學術傳統，可以說都是爲致用而學術的，幾乎沒有純爲學術而學術的風氣。以先秦各家的思想來說，更是如此。周制崩壞以後，政治、社會、經濟各方面都發生了問題。面對這種混亂的局勢，諸子百家相繼提出各自的一套方法，圖謀解決問題。但其中最能把握時代命脈，推動時代巨輪的，唯有以韓非爲代表的法家思想。

韓非哲學促成秦帝國的統一，更影響此後二千多年的中國政治。經過仔細的研究，我們發現他的哲學當中，的確蘊藏有不少智慧。本章想就韓非哲學的影響與智慧，做一敍述。

第一節　韓非哲學的影響

韓非是一位政治理論家，不是實行家。他不但不能及身施展他的思想、抱負，而且年紀輕輕的就死於同窗的毒手。他命運的乖違與遇人的不淑，比齊國的孫臏還慘。不過在他死後，他的哲學卻大大的影響了中國的政治。

韓非雖然客死秦國，但秦國卻大行其說。當秦始皇讀完他的〈孤憤〉、〈五蠹〉之後，大大的歎息說：「寡人得見此人與之遊，死不恨矣！」可見傾慕之深是到何等程度。而李斯、姚賈、秦二世實際上也都在力行他的哲學。始皇的一切作爲，除了希冀長生，迷信方士以外，無不遵循韓非的「刑名法術」之學。「焚書坑儒」就是一個明顯的例子。一般人只知道焚書是出自李斯的倡議，卻不知這個思想是從韓非抄來的，就連文句也有「雷同」的地方。我們看李斯的奏議：

> 丞相李斯曰，五帝不相復，三代不相襲，各以治；非其相反，時變異也……古者天下散亂，莫之能一，是以諸侯並作，語皆道古以害今，飾虛言以亂實，人善其所私學，以非上之所建立。今皇帝並有天下，別黑白而定一尊，私學而相與非法敎。人聞令下，則各以其學議之。入則心非，出則巷議。夸主以為名，異取以為高，率羣下以造謗。如此弗禁，則主勢降乎上，黨與成乎下。禁之便❶。

這段文字幾乎是〈詭使〉、〈六反〉諸篇的大要，諸位只要把《韓非子》打開對照一下，你立刻發現李斯是善「取人之意，不取人之句」的高手。讓我們再看他的禁令：

> 臣請史官非秦紀皆燒之。非博士官所職，天下敢有藏《詩》、《書》、百家語者，悉詣守尉雜燒之。有敢偶語《詩》、《書》，棄市。以古非今者族。吏見之不舉者，與同罪。令

---

❶《史記・秦始皇本記》藝文版，頁一二五。

下三十日，不燒，黥為城旦。所不去者醫藥、卜筮、種樹之書。若欲有學法令，以吏為師❷。

這段話之中，除了不去醫藥、卜筮、種樹之書以外，不正是〈五蠹篇〉：「無書簡之文，以法爲教，無先王之語，以吏爲師。」的主張嗎？

至於韓非勸人主「除五蠹之民，養耿介之士。」以及〈詭使篇〉說的「被其黨，以散其羣」，〈主道篇〉說的「散其黨，收其餘」，都是坑儒的藍本，更不用細說了。

我們看《史記·李斯列傳》的記載，當陳涉、吳廣揭竿發難的時候，秦二世加以責問，李斯的「恐懼書對」，無不頻頻引用〈五蠹〉、〈顯學〉諸篇的話來回答。可見秦國上下君臣都熟讀過韓非的書。所以有人說，韓非的學說是秦一代的官學。《荀子·彊國篇》記載應侯與荀卿一段對話。應侯問卿：「入秦何見？」荀子回答說：「入其國，觀其士大夫，出於其門，入於公門，出於公門，歸於其家，無有私事也。不比周，不朋黨，倜然莫不明通而公也。古之士大夫也。」從這段話可以看出，韓非拿「公利」做行爲標準的理想，在秦國已經實現了。

漢興以後，由於董仲舒的主張，罷黜百家，獨尊儒術；然而漢代的政治家像蕭何、曹參，政論家像賈誼、鼂錯等，都兼採法術來規劃天下。而漢代官吏的升遷，重視經驗，當時朝廷拔擇丞

❷ 同❶。

相都先外放羣國，或試之畿輔。如漢相蕭望之、翟方進便是❸。嚴耕望的〈漢代地方行政制度〉就說：「韓子曰：『明主之吏，宰相必起於州部。』漢實有之，後世莫逮。」❹

到了三國時侯，曹操用人重才不重德，正是韓非在〈八說篇〉說的：「不求清潔之吏，而務必知之術。」的實踐。孔明當了蕞爾小蜀的宰相，能夠與強魏角逐，而且常常佔上風，討便宜，也是靠着法術的應用。我們只要看他手寫申韓書，進給後主，便知道他的用心所在。

後來，歷代的明君、賢相，雖然礙於儒家傳統文化的聲威，但由於實際政治的需要，莫不陽儒陰法，「操其術，而恒諱其跡」❺。像宋朝的王安石，明朝的張居正，都是較為顯著的代表。

廿世紀的八十年代，大陸上的共產政權，在如火如荼的搞那「批孔揚秦」的把戲，你便可想見韓非哲學對中國政治的影響力，並未衰歇。

可是我們不可不注意，韓非為了提倡君權，使人主超然法外，雖然出之順應時勢，但已失卻

---

❸ 漢代用人之例，中央官員皆由地方官吏升遷，而宰相人選，多先外放羣國或試之畿輔，以增加其政治經驗。見《漢書》〈蕭望之傳〉、〈翟方進傳〉。

❹ 嚴耕望〈漢代地方行政制度〉，《中央研究院歷史語言研究所集刊》第二十五本。

❺ 明趙用賢於萬曆十年，依宋本校刻《韓非子》，其序云：「三代而後，申、韓之說常勝。世之言治者，操其術，而恒諱其跡。余以為彼……歷千百年而不廢，蓋必有所以為韓非子者在矣。」

原始法家的本意❻，徒使法治轉變爲人治，千餘年來，卒不能使中國法治思想，向前邁出一步。就這一點來說，他的影響實在太壞了！

不管如何，《韓非子》這本書，堪稱爲改變中國歷史的一本書。

第二節　韓非哲學的智慧

韓非哲學的主要內容，我們在以上各章大略已討論過。他忽視愛的價值，主張極權政治，扼殺學術、言論自由，與那爲達目的不擇手段的術，對後世產生很多不良的影響，這是我們應該批評的，應該反對的。但是韓非哲學所蘊藏的智慧，長久以來受人忽視，也是事實。現代人研究古人的思想，應該存有認知的心靈，以客觀、批判的態度，指出古人思想的弊病，重估其歷史的價值，而且還要提鍊古人思想的精華，提供今人做參考。唯有站在巨人的肩膀上，我們才能看得更遠、更高。本節就從這種心靈、態度上出發，要指出幾點韓非哲學的智慧。

一、實力政治

❻ 原始法家尚主「君臣上下皆從法」，人君亦同受制於法。如《管子・法法篇》：「明君置法以自治，立儀以自正也……禁勝於身，則令行於民。」又曰：「不爲君欲變其令，令尊於君。」而韓非則主君尊於法。

韓非生於爭氣力的時代，而且是生在弱小的國度裏。但是根據他對歷史的研究，認爲小國仍然可以有爲。他在〈安危篇〉說：「存亡在虛實，不在於衆寡。」「實」就是實力。有了實力就可以救國，可以治國。所以他說：「治彊易爲謀，弱亂難爲計。」❼但要使一個國家的政治擁有實力，怎麼辦才好呢？韓非的答案是：從內政着手。所以他在〈五蠹篇〉說：「治彊不可責於外，內政之有也。」韓非想從內政做好，來培植國家的實力，這是一個根本的辦法，也是一個正確的途徑。

我們翻開古今中外的歷史，實力多寡，是一個國家存亡的主要關鍵。韓非〈顯學篇〉說的：「力多則人朝，力寡則朝於人。」眞是政治上的眞理。臺灣有一句俗話說：「西瓜靠大邊」，也是這個意思。韓非以堅強內政，厚儲國力爲治強根本的說法，不僅適用於二千多年前的戰國時代，也適用於廿世紀的今天，各位看看以色列、日本國土多小，而國勢多富強，就可證明韓非觀點的正確性。就以人類可望的將來看，這種實力政治的主張，仍然有效是可以斷言的。

二、樹立政治的獨立領域

先秦諸子，老子嚮往無爲政治，孔子注重德政，孟子提倡王道，荀子主張禮治，他們對中國政治哲學都有點貢獻。但是他們都共同犯了一個毛病，就是不能認淸政治的本質。他們往往把道

❼《韓子淺解》頁四八六。

德、倫理、政治混爲一談。只有法家的韓非一出來，就斷然劃開政治的實然與應然，把倫理和道德放在政治的領域以外。他這種視政治如政治的主張，奠定了中國政治哲學的基礎。所以蕭公權說：「韓非論勢，乃劃道德於政治領域之外，而建立含有近代意味純政治之政治哲學。無論其內容是否正確，其歷史上之地位則甚重要。」❽馬基維利和韓非相同。他也一刀切開政治與道德的界線。白德 (L. A. Burd) 批評他說：「馬基維利的成功，是在於他改變政治學說的基礎，致使國家超然於教會倫理，以進行其本身的發展。」❾

用白德的說法，韓非的成功是他能超然於儒家的倫理、教化。但也因爲這一點，韓非在中國歷史上備受辱罵。這當然是因爲拿儒家政治哲學做標準的結果。儒家的政治哲學是從應然的角度立論，總在價值層面兜圈，不能看清政治的實際面目。所以儒家的政治哲學，在中國歷代都缺少效應。韓非的政治哲學，是從實然的角度出發，他能看清政治的事實問題，他始終抓住政治的核心——權力問題。爲中國政治哲學樹立獨立的領域。只可惜，中國文化囿於儒教，二千多年來，非但不能了解韓非思想的價值，自從韓非以後，中國政治哲學截然停止，再也沒有開創性的理論

---

❽ 蕭公權《中國政治思想史》第一篇第七章第二節。

❾ L. A. Burd, "Florence (II): Machiavelli," *Cambridge Modern History,* Vol. I, p. 213, 1934, Cambridge.

出現⑩。

三、權變思想

什麼叫做權變呢？所謂權變，就是通權達變。說明白一點，就是權衡輕重，因時制宜的意思。可見權變就是一種適應能力。有權變思想，就有適應能力；否則，就沒有適應能力，或缺少適應能力。因此說：權變思想是個人的一種生存能力；是社會進步的一個動力；是國家治強的一個關鍵；也是人類文化生生不已的一個動機。中國這個古老民族，由於特殊的地理環境，和農業的經濟結構，促成「天不變，道亦不變」的傳統信念，也養成保守的國民性。這種不變的信念和保守的性格，在傳統靜態的社會中，還能平安的生活；一旦面對變化新奇的西方文化，馬上出現適應不良的現象，使得中國現代化的過程，備嘗艱辛，步調迂緩。在這裏就顯示出韓非權變思想的意義和價值。

韓非是一位熟讀歷史的人。他深知時代不同，事情就有差別，而不同的事情，就需要不同的處理方法。所以他說：「世異則事異，事異則備變。」⑪又說：「古今異俗，新故異備。」⑫同時，他也了解政治須配合時代的要求才能有效。所以他在〈心度篇〉說：「治與世宜則有功。」

---

⑩ 韋政通《開創性的先秦思想家》頁一九五。

⑪⑫ 《韓子淺解》頁四七一。

基於這種認識，韓非主張一個聰明的政治領導者，必須具備通權達變的思想。他有兩段話表明這個意思。

> 權其難而事成則立之；事成而有害，權其害而功多則為之。（〈八說篇〉）
>
> 聖人不期修古，不法常行，論世之事，因為之備……事因於世，而備適於事。（〈五蠹篇〉）

前一段說的是權衡輕重，後一段說的是因時制宜。他爲了反對當時「無變古，毋易常」的觀念，特別舉出幾個歷史上的「聖人」來做證。他說：「伊尹毋變殷，太公毋變周，則湯、武不王矣。管仲毋易齊，郭偃毋更晉，則桓、文不霸矣。」⑬王、霸的事業都須要通權達變才能成功，因此韓非接著說：「夫不變古者，襲亂之迹。」⑭

廿世紀科學的發展，是曠古所未有的。科學的昌明，帶動時代的劇變，政治方式，社會形態和經濟結構，都在急速變動之中，有人說：近數十年人類文化變動之大、之快，可以抵得上從前數千年歷史的總和。這樣看來，未來的世界變易一定更快、更大。我們想在劇變的世界裏生存，只有以變應變一條路。可見韓非的權變思想在今天來說實在太重要了。

四、實證精神

---

⑬⑭《韓子淺解》頁一三〇。

韓非在他的著作當中，還閃鑠出一種哲學的智慧，那就是：實證精神。實證精神，是一種重經驗事實，重證據的精神。有了這種精神的人，不以玄想代觀察，不拿臆測代驗證。實證精神，是一種重要的科學方法。它是開放心靈與認知態度的先決條件。這個精神，可以使人實事求是，是非分明，應爲現代人求學、做事所必備。

韓非的實證精神，可以從他博徵古今史事做爲論據看出來，也從他的循名實、主參驗表現出來。他在〈顯學篇〉說：

無參驗而必之者，愚也；弗能必而據之者，誣也。

這段話是說，未經過多方檢視驗證就輕下判斷的，就是愚妄之舉；不能確定的判斷，卻拿它當行事的根據，就是欺誣之行。「無參驗而必之者」，韓非用一個名詞「前識」來稱呼它。他在〈解老篇〉說：

先物行，先理動，之謂前識。前識者，無緣（理）而忘（通妄）意度也。

依《爾雅釋詁》說：「行，言也。」《易》虞注：「動，發也。」「先物行，先理動」，就是未經實物觀察，或物理試驗，便預先對該「物」、「理」發出自以爲是的論斷。韓非把這種行爲叫做「前識」。他認爲「前識」是不遵循認識過程，胡亂猜測的話。所以他勸人要「必緣理，不徑絕」。「緣理」就是參驗。「徑絕」就是輕下判斷，也就是韓非說的：「無參驗而必之者」或「無緣而忘意度」。可見「緣理」和「徑絕」是兩個剛好相反的思考方式。

對於緣理或參驗的方法，韓非提出符「四徵」的說法。什麼是「四徵」呢？〈八經篇〉說：

必揆（度）之以地，謀之以天，驗之以物，參之以人。

像這樣時間、空間、物理、人情都能面面顧到，那一定可以觀察仔細，考證詳實。

太史公在《史記》稱讚韓非「切事情，明是非」，這可以說是得力他的實證精神。

五、法律的公正性、統一性、穩定性與明確性

法律詳細明白而且統一穩固，人民知所遵循，便於施行。法律的公正性，包括內容公正與執行公正，這樣的法律才能維護社會的公道，維持社會的秩序。其詳細內容，見於本文第三章第一節。

六、罪刑法定主義

所謂罪刑法定主義，即罪、刑必須有法律規定，「法無明文則不爲罪，法無規定則無刑罰」。韓非在〈大體篇〉說的：「使人無離法之罪」，〈難二篇〉說的：「遇於法則行，不遇於法則止。」〈有度篇〉說的：「動無非法。」正是合乎罪刑法定主義的精神。

罪刑法定主義是現代法律制度的重要原則，根據此一原則人權得到保障，人的尊嚴也得到維護。這是人類理性的成果。

罪刑法定主義濫觴於西元一二一五年的英國《大憲章》。但早於《大憲章》一千四百多年的韓非，就發表了這種思想。我們不能不驚歎他那卓絕的智慧！（詳情見本文第三章第一節）

七、法的適時精神

韓非深知「世異則事異，事異則備變」（〈五蠹〉）。「時移而法不易者亂，世變而禁不變者削。」所以他明白主張「法與時轉則治」（〈心度〉）。

法律與時轉變，就能適合時代的需要，不致與社會民心脫節，成爲社會進步的絆腳石。韓非這種法的適時精神，可以放之四海而皆準。

八、信賞必罰是法治的要方

信賞必罰是說法律公佈之後要徹底執行。用韓非的話說：「賞罰使天下必行之。」（〈難一〉）法律徹底執行，才有政績可言，像〈外儲說左下〉說的：「有術之主，信賞以盡能，必罰以禁邪。」〈難三〉說的：「賞罰信於所見，雖所不見，其敢爲之乎？」所以〈六反〉說：「賞罰之必者，勸禁也。」「盡能」、「禁邪」、「勸禁」是信賞必罰的效果。反之，「賞罰不信，則禁令不行。」（〈外儲說左上〉）所以說，有法而不行，等於無法。因此韓非一再強調「賞罰必於民心。」（〈定法〉）這是法治的要方。

九、剷除特權階級的思想

特權的存在，是行法的障礙，公道的致命傷。要樹立法律的公正性，政府的良好形象，在政治上就必須剷除特權。詳情參見第三章第二節。

十、有效的領導術

領導術，韓非稱爲「主道」，漢朝的劉安稱爲「主術」。不管怎麼稱呼，就是教人如何領導或管理部下，做一位成功的領袖的方法。其實《韓非子》整本書，就要教導當時的君王做一位「明主」，統治天下。秦始皇是第一位接受他的指導，結束紛爭的戰國政局，建立統一天下的大帝國。歷代的君王也都應用他的方法，在實際的政治上運作，雖然口裏不講。所以明朝趙用賢才說：「世之言治者，操其術而恒諱其迹。」我們可以說，韓非的思想是驗證有效的領導術。

領導術，就是現代西方最流行的管理學 (Management)。今天大企業，大公司，大飯店，大工廠，大醫院，員工少的算千人，多的算萬人，這些龐大的組織當然要善加管理，才能有效率，所以管理學自然就成爲工商社會的顯學。

治理國家和經營企業，有其相似的地方，那就是把人管理好，叫他把事情做好。但同樣是人，因時空不同，文化不同，就有不同的價值觀，不同的生活方式，不同的理想目標等等。面對這些差異的因素，當然要有不同的管理方法才能奏效。所以全盤移植西方的管理學，運作上必然發生困難，今天的工商企業正面臨這個問題。

韓非是中國的土產，他的領袖術是中國式管理，而且是經過驗證有效的，他的治人治國之道，很可以啓發企業管理的知識。只要經過「批判的繼承與創造的發展」，建立合乎現代化的中國式管理應當不難。最近看到十五世紀的馬基維利 (N. Machiavelli) 被譽爲管理大師，更增加我對韓非的領導術有助企業管理這一看法的信心[15]。因爲筆者出版過《韓非與馬基維利比較研究》一書，深知韓非的思想比馬基維利深刻而有系統。

這裏且舉幾項以見韓非領導術的一斑：

(1)君無爲使臣有爲的領導術：〈八經篇〉說：「下君盡己之能，中君盡人之力，上君盡人之智。」〈主道篇〉說：「臣有其勞，君有其成功。」

(2)滿足人性自利的領導術：〈難一〉說：「設民所欲以求其功，故爲爵祿以勸之。」

(3)因材適用的領導術：〈定法〉說：「因任（才能）授官。」

(4)分層負責的領導術：〈外儲說右下〉：「明主治吏不治民。」又：「聖人不親細民，明主不躬小事。」

(5)分官專職的領導術：〈難一〉說：「明主之道，一人不兼官，一官不兼事。」〈用人〉說：「明君使事不相干。」〈二柄〉說：「臣不得越官而有功。」

(6)有效考核的領導術：〈姦刼弒臣〉說：「循名實而定是非，因參驗而審言辭。」〈揚推〉

---

[15] 安東尼・傑伊（Anthony Jay）爲英國著名的管理學者，他以馬基維利的《君王論》中的治國思想，來詮釋現代企業管理的眞諦，寫成《管理與馬基維利》一書，於一九六七年出版，引起管理學界的注意。詹炳發將英文原書摘要譯成中文發表於七十七年五月十六日至廿一日的《工商時報》，題目是〈管理大師馬基維利〉。

說：「周合形名，民乃守職。」

附錄：

銀元何價？

——從一宗海事賠償案例說起

日商統一公司於前年六月間向我國奇美公司購買冷凍燒鰻一萬三千四百點五公斤，裝入貨櫃交由美國輪船公司塔虎脫號貨船運往日本。但在前往日本神戶途中，遇上薇拉颱風，使該貨櫃落海。統一公司指責該貨輪於發布颱風警報後仍然啓航，因此檢具發票等證據向臺北地院提起訴訟，要求賠償所有貨品損失。臺北地方法院審理後，於日前按海商法第一一四條第二項之規定，判決美國總統輪船公司賠償三千元，因該項條文是說：「除貨物之性質、價值於裝載前已經託運人聲明，並註明於載貨證券者外，運送人或船舶所有人對於貨物之毀損滅失，其賠償責任以每件不超過三千元爲限。」

這「三千元」是指銀元，折合新臺幣爲九千元，而該貨櫃所裝冷凍燒鰻卻價值七百餘萬元，以致九千元的賠償幾無價值可言，而且幾乎成爲笑話，其問題是出在銀元的折價上，以致不禁使人要問：一塊銀元到底應該折算多少新臺幣？按銀元爲國幣，是我國本位貨幣，在戰前——甚至民國三十年，一塊銀元（或紙幣）值三百枚銅圓，每枚銅圓可買油條一根。現在，油條一根爲新臺幣五元，依此，則一銀元應值一千五百元新臺幣。假若按此標準賠償日商的燒饅貨櫃，則爲新臺幣四五〇萬元，以致較能接近其實際價值。事實上，在戰前，擁有千元財產者已算是小康人家。

一銀元折算爲新臺幣三元，是中央政府遷臺後的權宜規定，以適用罰鍰與規費，嗣後一直沒有修正。按罰鍰是刑罰之一種，亦是政府收入的一部分，現在以一銀元折算新臺幣三元，使罰鍰完全喪失了「罰」的作用，亦使政府大爲減少「鍰」之收入。單就刑罰意義言，刑法第四十一條與第四十二條均規定，六月以下的有期徒刑或拘役(服勞役)，得易科罰金，以一元以上三元以下折算一日。現在折算爲新臺幣，只是九元一天，一八〇天的刑期或勞役，只須付一、六二〇元就可揚長而去。

再從刑法第十九章「妨害農工商罪」看，更可看出一銀元折算新臺幣三元之罰則，毫無意義可言。單以第二五一條爲例，該條云：「以強暴、脅迫或詐術爲左列行爲之一者，處五年以下有期徒刑、拘役或三千元以下罰金。一、妨害販運穀類及其他公共所需之飲食物品，致市上生缺乏者。二、妨害販運種子、肥料、原料及其他農業、工業所需之物品，致市上生缺乏者。」按此條所指，可能爲故意減少供給以操縱市價而從中獲取暴利之奸商，現在卻可能只須繳付九千元罰金，這豈不是在鼓勵他重施故技？但在另一方面，正當出國觀光的國民於每次出國之時，對於出入境與護照卻須繳五千元手續費——而赴港澳觀光的費用只須二萬元，對照之下，越發地顯示這筆手續費的龐大。兩相比較，似乎表示，政府在「鼓勵」犯罪，「處罰」觀光。

根本的癥結，乃是以三元新臺幣換算一銀元的折算方法，不切合實際。按中央政府於遷臺之初，以一銀元折算新臺幣三元，只是權宜之計，但是三十多年一直不作調整，就變成了笑話。目前社會紀律廢弛，原因固然很多，但是，罰鍰太輕必是原因之一。其實，三十多年來，物價已上漲三十多倍，若按此物價指數調整，則目前一銀元應該折算一百元新臺幣——眞若確實計算，應以戰前（民國廿六年）爲基期。再就若干書局言，其書價常按（銀元）定價四十至四十五倍計算，依此，則一銀元的現值應在一二〇至一三五元新臺幣之間。中央銀行經常出售金、銀紀念幣，其銀質紀念幣重量約與銀元相等，售價爲三百元，如此，則一銀元亦應該折算此一金額。

奇怪的是，我國有關當局對這些事實，竟然視若無睹，數十年如一日地以一銀元折算新臺幣三元來適用有關法律條文，以致鬧出價值七百餘萬元的貨櫃只得九千元賠償之怪事。是以，我們誠摯地希望司法院與法務部正視此一問題，使銀元折算能切合實際。

（七十七年三月十三日《經濟日報》社論）

第三篇　淮南子與法家的法論比較

前　言

《淮南子》一書綜貫諸子學說，但它的思想主調卻在道和儒。高誘注解《淮南子》說劉安與賓客「共講論道德，總統仁義，而著此書。」仁義是指儒家；道德是指道家。《淮南子》第一篇〈原道〉，開宗就闡明道家的思想；末篇〈泰族〉，乃全書的總結，則在宣揚儒家的學說。因而書中常以儒和道的標準去批評各家思想。其中以批評法家爲最多，也最烈。

雖然《淮南子》常以儒、道的觀點排斥申、韓、商鞅的刻削背德，捨本逐末，但爲了使政治思想落實，卻又不得不承受了不少法家的論點❶。其中最顯著的莫過於〈主術篇〉，幾乎全以法家的思想爲骨幹。

❶ 徐復觀以爲《淮南子》爲使無爲而治的理想有實現的可能性，不能不取法家的精神來轉換。見徐著《兩漢思想史》卷二，頁二四七、二五一，民國六十五年，臺北，學生書局。

先秦法家，愼到重勢，商鞅尚法，申不害用術，韓非兼取三者而集其大成，法家論政的出發點在爲君主着想，所以韓非認爲勢、法、術三者都是帝王用以統治臣民的工具。劉安及其賓客卻認爲政治在服務人民❷，其論政的立場乃針對人民而設想，因此《淮南子》承受的法家思想已有所選擇，也有所修正。其論勢只主張君王親掌權柄足以移風易俗，對法家尊君太過的論調，減至最低，對韓非「抱法處勢」的人設之勢，也無明白討論。其論術只取君無爲臣有爲，因任授官，循名責實，以法執下等項，並未兼及禁姦、防姦之術。《淮南子》論勢言術，份量不重，也未超出《韓非子》的範圍。至於論法，幾乎囊括了法家所有的優點，甚至有更進一層的發揮。

本篇試將《淮南子》論法的部分，比較先秦法家的思想，將其法論的風貌，做一描述，並對其承受或不承受法家思想的因由，稍做說明和推測。

---

❷見徐復觀著《兩漢思想史》卷二，頁二四七至二四九。其實，劉安等人雖然受儒家的影響，同樣也接受墨子主張政府的設立是爲了服務百姓的理念。《墨子·尚同中》就說：「古者上帝鬼神之建國設都立正長也，非高其爵，厚其祿，富貴游佚而錯（置）之也。將以爲萬民興利除害，富貧衆寡，安危治亂也。故古者聖王之爲政若此。」「便民」一辭是國民黨統治臺灣期間提出的口號，該辭出於《墨子·辭過篇》。

第一章　根本觀念

法家的理論，大抵建基於他們對人性的了解，對歷史的觀察，和採用的價值取向。尤其集法家大成的韓非，有更堅持的肯定和完備的系統。本書第二篇〈韓非哲學〉曾指出，韓非的哲學理論，是建立在實證的知識論、利己的人性論、演化的歷史觀和功利的價值觀四大基石之上❸。後三項幾乎全被《淮南子》所承襲，雖然內容有精粗，文字有詳略之別。

第一節　人性論

韓非認爲人的通性是好利惡害。他說：

> 好利惡害，夫人之所有也……喜利畏罪，人莫不皆然❶。

《淮南子・氾論篇》也說：

---

❸ 見本書第二篇第二章。

❶ 見《韓非子・難三篇》。〈制分〉、〈內外儲說上〉、〈奸刼弑臣〉等篇皆有類似的文字。

人各以其知，去其所害，就其所利❷。

韓非認爲人人自爲自利；《淮南子》也有相同的說法。劉安及其賓客說：

鬻棺者，欲民之疾病也；畜粟者，欲歲之荒饑也❸。

這話是韓非說法的翻版，《韓非子‧姦劫弒臣篇》說：

輿人成輿，則欲人之富貴；匠人成棺，則欲人之夭死也。非輿人仁而匠人賊也，人不貴則輿不售；人不死則棺不買。情非憎人也，利在人之死也。

而韓非的話是來自前輩法家愼到的看法。《愼子》說：

匠人成棺，不憎人死，利之所在。（《慎子》逸文）

對人性自爲、自私的看法，同樣來自愼到。他說：

人莫不自為也。（《慎子‧因循篇》）

又說：

人情每狎於所私。（《慎子》逸文）

---

❷《淮南鴻烈集解》（以下簡稱《鴻烈集解》）卷十三，頁二一，粹文堂書局出版。〈齊俗訓〉從反面說：「人莫避其所利，而就其所害。」（卷十一，頁五八）

❸《鴻烈集解》卷十七，頁九七。

法家認爲人性自私自爲，而且好利惡害，爲政之人可以加以利用，愼到在〈因循篇〉首先主張「因人之情」。因義爲順。他認爲人情莫不自爲，爲政要順着自爲的人情，才能有高的效率。商鞅和韓非更明白提出利用好利惡害的人性，來施行賞罰。商鞅說：

> 人君不可以不審好惡，好惡者，賞罰之本。夫人情好爵祿而惡刑罰，人君設二者，以御民之志，而立所欲焉。（《商君書‧錯法篇》）

韓非也說：

> 凡治天下，必因人情。人情者有好惡，故賞罰可用。（《韓非子‧八經篇》）

這些觀念皆爲《淮南子》所接受，〈泰族篇〉說：

> 先王之制法也，因民之所好，而為之節文者……因其情則天下聽從，拂其性則法縣（懸也）而不用❹。

在〈氾論篇〉說：

> 聖人因民之所喜而勸善，因民之所惡而禁姦，故賞一人而天下譽之，罪一人而天下畏之❺。

賞譽罪畏的觀念，就是韓非〈五蠹篇〉說的「譽輔其賞，毀隨其罰」，其目的就是〈大體篇〉說

❹《鴻烈集解》卷二十，頁五九，頁六〇。
❺《鴻烈集解》卷十三，頁二一四。

的「託是非於賞罰」（《愼子》逸文有此言）。受賞爲是，受罰爲非，如此賞罰與社會的價值取向一致，這樣的「法」就可以做爲人民行爲的規範，和價值標準。這種價值的共識觀念最初是來自墨子的尙同思想❻。

韓非以爲人性不可學習，而且「寡於仁、難於義」，不必期待人們行善，只要利用「好利惡害」的天性，設立賞罰的制度便可以治國，所以他反對德治，主張法治。《淮南子》承繼法家人性好利惡害及自私的觀點，卻認爲「天下莫易於爲善，而莫難於爲不善。」❼而且認爲人性是可以教養可以改變的，〈泰族篇〉說：「無其性，不可敎訓。」「有其性，無其養，不能遵道。」〈修務篇〉更說：「馬猶待敎而成，又況人乎?」〈齊俗篇〉也說：「人之性無邪，久湛於俗則易，易而忘本，則若性。」❽「若性」就是習慣成自然。習慣是可以學習的，學習什麼?學習仁義禮節。〈修務篇〉就是在討論學習的重要性。《淮南子》的勸學觀點是來自荀子，這個觀點是道家、法家所沒有的。

---

❻參見本書第一篇第一章「是非與賞罰」條。

❼《鴻烈集解·氾論訓》，卷十三，頁二五。

❽《鴻烈集解》卷十一，頁五九。原文作「合於若性」，引文依《呂氏春秋·爲欲篇》改。

第二節 歷史觀

劉安認爲歷史是不斷的在演化，他在〈氾論篇〉說：

> 古者人醇工龐（敦厚踏實），商樸女童（誠實無邪），是以政教易化，風俗易移也。今世德益衰，民俗益薄，欲以樸重之法，治旣弊之民，是猶無鏑銜策錣而御馯馬也。昔者神農無制令而民從，唐虞有制令而無刑罰，夏后氏不負言，殷人誓，周人盟，逮至當今之世，忍訽（罵）而輕辱，貪得而寡羞，欲以神農之道治之，則其亂必矣[9]。

這是說不同的時代，民情厚薄互異，不同的社會，政教風俗有別，事之宜於古代，未必適於今世。〈氾論篇〉還說：「苟利於民，不必法古；苟周於世，不必循舊。」的看法。〈齊俗篇〉更提出因時制宜的思想：

> 世異則事變，時移則俗易。故聖人論世而立法，隨時而舉事[10]。

有了「論世而立法，隨時而舉事」的精神，自然產生適時主義和變法的理論。〈氾論篇〉就說：

---

[9]《鴻烈集解》卷十三，頁七。

[10]《鴻烈集解》卷十一，頁六五。〈氾論訓〉也說：「論世而爲之業，權事而爲之謀。」（卷十三，頁一八）

> 聖人制禮樂，而不制於禮樂，治國有常，而利民為本。政教有經，而令行為上，苟利於民，不必法古。苟周於事，不必循舊。夫夏商之衰也，不變法而亡。三代之起也，不相襲而王。故聖人法與時變，禮與俗化，衣服器械，各便其用，法度制令，各因其宜，故變古未可非，而循俗未足多也⑪。

這種由演化史觀而來的適時權變精神，原是法家思想的精華。《淮南子》這些言論，可從《管子‧任法篇》，《商君書‧更法篇》，《韓非子‧五蠹篇》找到來源，甚至連文句都完全相同。

第三節 價值觀

《淮南子》的價值觀，是以實用做標準。〈氾論篇〉說：

> 不用之法，聖人弗行，不驗之言，明主弗聽⑫。

人們不要學御龍術，而想學御馬術；不想學治鬼術，而要學治人術，是因為「急所用」⑬。〈修

---

⑪《鴻烈集解》卷十三，頁五。〈泰族訓〉也說：「聖人事窮而更為，法弊而改制，非樂變古易常也，將以救敗扶衰，黜淫濟非，以調天地之氣，順萬物之宜也。」（卷二十，頁六二）

⑫《鴻烈集解‧氾論訓》卷十三，頁八。

⑬《鴻烈集解‧說林訓》卷十七，頁九七。

務篇〉更舉出不少例子說明這種道理。

> 服劍者期於銛利，而不期於墨陽、莫邪（美劍名）；乘馬者期於千里，而不期於驊騮、綠耳（良馬名）；鼓琴者期於鳴廉脩營，而不期於濫脅、號鐘（古琴名）；誦詩、書者期於通道略物（略物，達事也），而不期於〈洪範〉、〈商頌〉⓮。

這種實用的價值觀點，正是韓非在〈問田篇〉說的「夫言行者，以功用爲之的彀（標準）者也。」

法家基於功用的價值觀點，反對儒家的仁義道德。尤其韓非爲了達到君王的功利，更主張「無書簡之文，以法爲教；無先王之語，以吏爲師。」⓯的反智思想。《淮南子》則不然。他們主張實用的觀點，也認取仁義道德的價值，同時也強調勉力積學的重要性，不拿「法」做行爲的唯一標準。在這裏，《淮南子》承受了法家而又修正法家。之所以如此修正，應該是劉安等人看到強秦的暴亡，以之爲殷鑑。這從陸賈對漢高祖所說的話，就可以看出一點消息。陸賈說秦國是專任刑法，不行仁義，所以很快就滅亡。（《史記‧陸賈列傳》）

⓮《鴻烈集解‧脩務訓》卷十九，頁五〇。

⓯《韓非子‧五蠹篇》。

第二章 法的法律意義

第一節 法的精神

一、適時主義

《淮南子》的作者認識歷史是不斷的在演化，時代不同，社會隨着變動。不同時代有不同的社會形態和需要。〈齊俗篇〉就說：「世異則事變，時移則俗易。」❶法律是維持社會秩序的工具，應該適應社會的需要而訂，才能生效。如果社會變動了，法律不因之而改變，必然違背人民的需要。違背民心的法律非但不能服人，反而易孳生厭罪惘刑的心理，如此要求國家平治，無異緣木求魚。〈氾論篇〉就說：

知法所由生，則應時而變，不知法治之源，雖循古終亂❷。

---

❶《鴻烈集解》卷十一，頁六五。

❷《鴻烈集解》卷十三，頁八。

所謂「應時而變」，就是〈氾論篇〉說的「法與時變」；〈齊俗篇〉說的「論世而立法」。法律隨世改變，才能適合社會民心的需要，不致成為僵化的惡法。《淮南子》這種法的適時主義，是法律學中的一個重要原則。

「法與時變」的觀念，是先秦法家的重要理論。《管子》的〈正世篇〉，《商君書》的〈更法篇〉、〈壹言篇〉，《韓非子》的〈心度篇〉、〈五蠹篇〉都有明確的解說。早於《淮南子》的《呂覽・察今篇》也接受法家這個觀念❸。

二、罪刑法定主義

〈繆稱篇〉說：

> 繩（法也）之外與繩之內，皆失直者也❹。

這句話基本上含有罪刑法定主義的思想。所謂罪刑法定主義，就是罪、刑須有法律規定，也就

❸《商君書・更法篇》說：「當時而立法，因事而制禮。禮法以時而定，制令各順其宜。」《韓非子・五蠹篇》說：「世異則事異，事異則備變。」「事因於世，而備適於事。」「聖人不期修古，不法常可，論世之事，因為之備。」〈心度篇〉說：「法與時轉則治，治與世宜則有功……法與時移而禁與世變。」《呂覽・察今篇》說：「治國無法則亂，守法而弗變則悖，悖亂不可以持國。世易時移，變法宜矣。……因時變法者賢主也。」這些觀念都為《淮南子》所承受，連字句也相差不多。

❹《鴻烈集解》卷十，頁五〇。

是：「無法律則無犯罪，無法律則無刑罰。」罪刑法定主義是現代民主國家法治的基本精神。民國二十四年公布的「中華民國刑法」第一條：「行爲之處罰，以行爲時法律有明文規定者爲限。」就是根據此一精神制定的。

西方最早出現罪刑法定主義思想的，是公元一二一五年的英國《大憲章》；而罪刑法定主義成爲一種制度，則始於一七八七年的美國憲法，明文禁止溯及既往的立法定罪。一七八九年的法國《人權宣言》特別強調不得「無法律加人罪名及處罰人」，並且禁止法的「溯及既往」。從此，罪刑法定主義的刑事政策，相繼爲世界各國所採用。

中國歷史上，從未實施罪刑法定主義的制度，但罪刑法定主義的思想，確實出現在法家的典籍之中。《管子•法法篇》說：令未布而民或爲之，而賞從之，則是上妄予也。」「令未布而罰及之，則是上妄誅也。」「令未布」就是無法律，無法律而行賞罰，所以說「妄予」「妄誅」。〈法法篇〉的話指出：第一，法令是公布的，而不是習慣的。第二，刑法的效力不溯及既往。這兩項正是罪刑法定主義的原則。法家主張的法都是公布的。像韓非在〈定法篇〉就說：「法者，憲令著於官府。」而〈大體篇〉說：「使人無離法之罪。」就是「無法律則無犯罪，無法律則無刑罰」的罪刑法定主義。

罪刑法定主義還有一個原則，就是禁止適用類推解釋。觸犯何罪，便處以何刑，設法無明文規定，就不能用「想當然耳」來類推解釋，比附援引，故入人罪。法家早有此種思想。《愼子》

逸文及《韓非子・大體篇》都說：「古之全大體者，不引繩（法）之外，不推繩之內，不急法之外，不緩法之內」。引外、推內、急外、緩內，不是類推援引，就是背法營私，難免失入失出。法家以法律維護社會公平，一切依法行事，反對巧立名目，曲法施惠，爲先秦各家所不及。如《管子・明法篇》說：「先王之治國也，不淫意於法之外，不爲惠於法之內，動無非法者，所以禁過而外私也。」《韓非子・有度篇》也說：「明主使其羣臣，不遊意於法之外，不爲惠於法之內，動無非法。」「動無非法」就是〈難二篇〉說的「遇於法則行；不遇於法則止。」❺

由以上所述，可知先秦法家對罪刑法定主義有相當明確的理念，在時間上，要比英國《大憲章》約早一千五百年。晚出的《淮南子》，在〈繆稱篇〉說：「繩之外與繩之內，皆失直者也。」〈主術篇〉也說：「衡之於左右，無失輕重，故可以爲平；繩之於內外，無私曲直，故可以爲

❺ 罪刑法定主義是人類在法治上了不起的創造，其得來不易。有了這個主義，法律的公正性才能維持，人類的尊嚴才得到保護。先秦法家倡言這一重要理念，少有人注意，筆者曾在私人著作中屢次加以闡揚。參見王讚源著《韓非與馬基維利比較研究》第三章第四節，頁五〇，六一年，臺北幼獅月刊社。又見王讚源著〈韓非哲學〉第三章第一節，《教學與研究》第二期，六十九年，國立臺灣師範大學文學院。又見韋政通主編《中國哲學辭典大全》「無離法之罪」條，一九八三年，臺北水牛出版社。後二文已修改後收入本書第一、二篇。

正。」❺依法行爲，就是「直」，就是「平」、「正」，這種認識對罪刑法定主義，是沾上了邊，但比起法家，非但沒有後來居上，反而深度不夠。劉安等人注意到執法的客觀性、公正性的重要，卻沒有認識韓非說的「無離法之罪」、「動無非法」的理念，更爲基本。實際上，罪刑法定的原則，是執法能客觀、公正的一個先決條件，所以「中華民國刑法」把罪刑法定主義列在第一條，可見它的重要性。

《淮南子》承受法的客觀性、公正性，但不能深一層發揮「無離法之罪」的精義。之所以如此，筆者的解釋是：劉安及其賓客內心偏好儒、道，而排斥法家，爲了使其思想落實，又不得不採取具有實效性的法家觀點，因此他們只認識到法的實效性的層面，不能用心去理解法的本質和精神，這是他們面對重要理念失之交臂的原因。

三、預防主義

商鞅、韓非皆主張嚴刑重罰。《商君書•靳令篇》說：「行罰重其輕者，輕者不至，重者不來，此謂以刑去刑」，〈開塞篇〉說：「藉刑以去刑」。韓非說：「重罰者盜賊也，而悼懼者良民也」，「重一姦之罪，而止境內之邪」（〈六反篇〉）又說：「嚴刑以威之」（〈飾邪篇〉），「罰所以禁也，民畏所以禁，則國治矣。」（〈八經篇〉）商、韓要以嚴刑重罰，殺一儆百，威

❺《鴻烈集解》卷九，頁六。〈齊俗訓〉也說：「今夫爲平者準也，爲直者繩也，若夫不在於繩準之中，可以平直者，此不共之術也。」（卷十一，頁六八）

嚇人民，使人民害怕，不敢犯罪，達到「以刑去刑」。這種思想在刑法學上屬於威嚇主義及預防主義。它的目的在於防止犯人再犯，與社會的效尤，威嚇則是達成這一目的的手段。

《淮南子》卻是反對嚴刑重罰，底下可以引幾段話來看：

> 夫峭法刻誅者，非霸王之業也；箠策（比喻刑罰）繁用者，非致遠之御也[7]。
>
> 急轡數策（喻嚴刑）者，非千里之御也[8]。
>
> 鑿五刑為刻削，乃背道德之本[9]。

就是以法家思想爲主幹的〈主術篇〉也沒有嚴刑重罰的痕跡，不過《淮南子》在刑法的精神上，仍帶有威嚇主義的色彩，只是意識不強。《淮南子》有兩段話說：

> 因民之所惡而禁姦，故罰一人而天下畏之[10]。
>
> 利賞而勸善，畏刑而不為非，法令正於上，而百姓服於下[11]。

所謂「罰一人而天下畏之」，「畏刑而不爲非」，就是以刑罰威嚇百姓，達到預防犯罪的目的。

---

[7] 《鴻烈集解・原道訓》卷一，頁一〇。
[8] 《鴻烈集解・繆稱訓》卷十，頁五一。
[9] 《鴻烈集解・覽冥訓》卷六，頁五七。
[10] 《鴻烈集解・氾論訓》卷十三，頁二四。
[11] 《鴻烈集解・泰族訓》卷二十，頁六六。

《淮南子》反對嚴刑重罰，法的威嚇性也減至最低度，可能有兩個原因：一方面，劉安及其賓客受了儒、道思想的影響；另一方面，強秦的速亡，也給他們留下警惕。

《淮南子》反對嚴刑重罰，比法家理智而切事情。因爲嚴刑重罰未必能遏止犯罪。《老子》就說：「民不畏死，奈何以死懼之。」韓非在〈安危篇〉不也說：「人不樂生則人主不尊，不重死（不懼死）則令不行也。」人的犯罪，與政治、經濟、社會、教育等制度的合不合理有極密切的相關性，量刑的輕重，不能不考慮這些因素是否正常的在運作。

第二節　法的性質

一、法的客觀性

法律要具有客觀性，首先必須是成文的、公佈的法。韓非在〈難三篇〉說：「法者，編著之圖籍，設之於官府，而布之百姓者也。」「編著之圖籍」是指法的成文性，「布之於百姓」是指法的公佈性。有了成文、公佈的法律，人民才能知所依循。這在先秦法家是很重要的認識，這一點在本書第二篇第三章已有論述。但到了漢朝此一觀念已被視爲當然，所以《淮南子》並無片言論及此事。其他論到法的客觀性的文字見於〈主術篇〉：

> 法者，天下之度量，而人主之準繩也⑫。

也見於〈齊俗篇〉：

> 今夫為平者，準也；為直者，繩也。若夫不在繩、準之中，可以平直者，此不共之術也⑬。

又見於〈說林篇〉：

> 循繩而斲則不過，懸衡而量則不差，植表而望則不惑⑭。

所謂「度量」、「準繩」、「衡表」都是客觀的東西，具有普遍性和必然性，不因人而異，因此能做天下的「標準」。有共同的標準，才有客觀性可言。若不用「標準」，有如不用「準」能爲「平」，不用「繩」能爲「直」，那是特技，不是普遍、必然的方法，所以《淮南子》稱做「不共之術」。《淮南子》用這些「標準」來比喻法的客觀性，是承襲法家的說詞。如《愼子》說：「君人者舍法而以身治，則誅賞予奪從君心出矣。……大君任法而弗躬，則事斷於法矣。」（〈君人篇〉）又說：「有權衡者，不可欺以輕重；有尺寸者，不可差以長短。有法度者，不可以詐僞。」（逸文）這裏不但說到法的客觀性，也兼及公平性。又商鞅在〈修權篇〉說：「夫釋權衡

⑫《鴻烈集解》卷九，頁一九。
⑬《鴻烈集解》卷十一，頁六八。
⑭《鴻烈集解》卷十七，頁一〇四。

而斷輕重，廢尺寸而意長短，雖察，商賈不用，爲其不必也。夫倍（背也）法度而任私議，皆不知類也。」不用「權衡」，卻要斷定輕重；不用「尺寸」，卻要猜測長短，就是「不必」。「不必」，就是沒有必然性和客觀性。

依思想發展史的線索看，法家要求法的客觀性，應該是受了墨子「法儀」思想的啓示。而《淮南子》更是吸收了墨子和法家的思想。

二、法的公正性

法的制定要依據客觀和公平的原則，法的執行更要遵守客觀和公平的原則。如此，法律才能維護社會的正義，這就是法的公正性。《淮南子》稱之爲「公道」。執法客觀，就是執法者依法行事，不受好惡、喜怒等因素的影響，也就是《淮南子》說的「放準循繩，身無與事。」⑮執法公平，就是不因身份地位的差別，而有不同的賞罰，也就是不能同功異賞，同罪異罰，「法律之前，人人平等。」〈主術篇〉說：

> 人主之於用法，無私好憎，故可以為命。
>
> 人主者……喜不以賞賜，怒不以罪誅，是故威立而不廢⑯。

這兩段話強調執法不能受個人好憎、喜怒的影響。〈主術篇〉又說：

---

⑮《鴻烈集解．詮言訓》卷十四，頁四二。

⑯《鴻烈集解》卷九，頁六，頁一八。

> 明主之治，國有誅者，而主無怒焉，朝有賞者，而君無與焉，誅者不怨君，罪之所當也，賞者不德上，功之所致也，民知誅賞之來，皆在於身也，故務功脩業，不受贛（賜也）於君⑰。

人民有功受賞，有罪受罰，賞罰都因人民本身的行爲所致，人主只是依法行事，不受喜怒好惡的左右。這種客觀的執法態度，才能維護法的公正性。〈主術篇〉又說：

> 法者，天下之度量，而人主之準繩也。縣罰者，罰不法也；設賞者，賞當賞也。法定之後，中程（合法）者賞，缺繩（犯法）者誅，尊貴者不輕其罰，而卑賤者不重其刑。犯法者，雖賢必誅；中度者，雖不肖必無罪，是故公道通而私道塞矣⑱。

所謂「天下之度量」是說法本身的客觀性。賞當賞，罰不法，不因尊貴或卑賤，賢或不肖而有所差別，這一方面顯示執法客觀，另一方面表示執法公平。這就是法的公正性。反之，人主憑好惡濫行賞罰，必定走上亂亡之途⑲。暴秦的速亡就是一面明亮的鏡子。

---

⑰《鴻烈集解》卷九，頁一〇。

⑱《鴻烈集解》卷九，頁一九。

⑲《鴻烈集解．主術訓》說：「重（愼也）爲惠重爲暴，則治道通矣。爲惠者，尚布施也。無功而厚賞，無勞而高爵，則守職者懈於官，而游居者亟於進矣。爲暴者，妄誅也。無罪者而死亡，行直而被刑，則修身者不勸善，而爲邪者輕犯上矣。故爲惠者生姦，爲暴者生亂，姦亂之俗，亡國之風。」（卷九，頁九）

另外，執行徹底，也是法公正性的一個因素。法家一向主張「信賞必罰」，《淮南子》也承受這一看法，〈兵略篇〉就說：「慶賞信，而刑罰必。」⑳如果賞不信，罰不必，有法若無，法律定的再客觀、公平也是枉然。

《淮南子》論法的公正性，完全承受法家的看法，並無新意。如《愼子‧威德篇》說：

> 法制禮籍，所以立公義也。

韓非說的更多，且舉幾段話如下：

> 刑過不避大臣，賞善不遺匹夫。（〈有度篇〉）

> 誠有功，則雖疏賤必賞；誠有過，則雖近愛必誅。（〈主道篇〉）

這些話說明：法律之前，人人平等。韓非在〈外儲說右下篇〉明白的說出立法的功用是：

> 聖人之為法也，所以平不夷（夷，平也），矯不直也。

法律就是用來維持公平和正義。因此《愼子》就說：「法之功，莫大使私不行。」（逸文）

法家以法維護社會的正義和公道的理念，比起「禮不下庶人，刑不上大夫」（《禮記‧曲禮上》）的儒家更爲人道主義。

三、法的統一性、穩定性（安定性）和普通性

---

⑳《鴻烈集解》卷十五，頁六四。

韓非反對法令常常改變，他認爲屢改法令，人民苦於適應。他在〈解老篇〉說：「法令更則利害易，利害易則民務變……治大國而數變法，則民苦之。」他甚至認爲數變法會導至亡國。〈亡徵篇〉就說：「法禁變易，號令數下者，可亡也。」因此韓非主張「法莫如一而固，使民易知之。」（〈五蠹篇〉）統一而穩固的法律，人民才知所遵循。

《淮南子》也強調法律的穩定性。〈主術篇〉說：

> 一度而不搖。
>
> 今失權衡規矩，一定而不易，不為秦楚變節，不為胡越改容[21]。

「不搖」就是「不易」。「一度而不搖」、「一定而不易」表示法律的統一法、穩定性。法律統一之後，不能隨便更改，更不能因一時、一事之方便，擱置普通法律不用，另立特別法以便宜行事。〈泰族篇〉就說：

> 聖王之設政施教也，必察其終始，其縣法立儀，必原其本末，不苟以一事備一物而已矣[22]。

「以一事備一物」，就是爲了某一事能便宜施行，另外制定一特別法，以爲根據。像所謂的「臨

---

[21] 《鴻烈集解》卷九，頁一，頁七。

[22] 《鴻烈集解》卷二十，頁七七。

時條款」或「臨時條例」，像臺灣的「違警罰法」就是違背憲法、刑法的特別法。基於特別法優先於普通法的原則，臨時條款的設立，已將原本正規法律擱置，勢將破壞正常法治的運作，這是本末倒置的做法。在主張法的普通性，《淮南子》提出「不苟以一事備一物」的理念，比先秦法家已更進一步。

《淮南子》強調「一度而不搖」、「一定而不易」，主要是反對朝令夕改，或韓非說的「廢置無度」（〈八經篇〉）。至於法家共同主張的「法與時轉」的適時主義，是着眼於世異則事變，時移則俗易，故論世而立法，隨時而舉事，也就是要因時制宜，因事制宜。可見「法與時變」與法的穩定性並不衝突。

第三節　法的創生

〈主術篇〉說：

> 人主之立法，先以身為檢式儀表，故令行於天下㉓。

〈泰族篇〉說：

㉓《鴻烈集解》卷九，頁二〇。

先王之制法也，因民之所好，而為之節文者也㉔。

從這兩段話可以看出，《淮南子》是主張立法權操在君王手中。這是先秦法家共同的看法。《管子》就說：

夫生法者君也。（〈法法篇〉）

《商君書》也說：

聖人之為法，必使明白易知。（〈定分篇〉）

韓非在〈楊搉篇〉說：「度量之立，主之寶也。」其他〈用人篇〉、〈難一篇〉也都一樣主張：法律是由君王制定的。

先秦法家談到法的起源，商鞅以爲起自風俗民情。他在〈壹言篇〉說：

聖人之為國也……因世而為之治，度俗而為之法，故法不察民之情而立之則不成，治宜於時而行之則不干（亂也）。

慎到從更根源處說：

法非從天下，非從地出，發於人間，合乎人心而已。（逸文）

所謂「發於人間」，也就是商鞅說的度風俗察民情，而最後的根據是「合乎人心」。韓非的〈八

㉔《鴻烈集解》卷二十，頁五九。

經篇〉也說法令是起於人情的好惡。《淮南子・主術篇》說的更明確：

> 法生於義，義生於衆適，衆適合乎人心，此治之要也。……法者，非天墮，非地生，發於人間㉕。

這段話顯然得自愼到的說法，但更爲精深。依徐復觀的解釋，「衆適」就是「衆人共同的利益，共同的要求。」㉖「衆適」合乎人心，但未必合於義，其間有合義有不合義的，「法生於義，義生於衆適」，就是立法要根據合於義的「衆適」。這樣立出來的法，不但合乎人心，更是發於人間的正道。在這一點上，我們可以說：《淮南子》論法的起源及法內容的正當性，已經是青出於藍而勝於藍。

法家強調法必須依於民情，合乎人心，是基於法的可行性的考慮。除此之外，「易知」、「易爲」也是法可行性的必要原則。商鞅在〈定分篇〉說：「聖人爲法，必使明白易知……萬民皆知所避就。」〈錯法篇〉說：「法明而民利之。」韓非在〈五蠹篇〉說：「今爲衆人之法，而以上智之所難知，則民無從識之矣。」〈難三篇〉說：「法莫如顯……明主言法，則境內卑賤莫不聞知也。」〈八說篇〉說：「法必詳事。」另外〈用人篇〉說：「明主立可爲之賞，設可避之罰。」又說：「其法易爲，故令行。」這些話都在強調「易知」、「易爲」乃是法律能施行的先

㉕《鴻烈集解・主術訓》卷九，頁二〇。

㉖徐復觀著《兩漢思想史》卷二，頁二五三，六十五年，臺北，學生書局。

決因素。

現代民主的法治思想，同樣堅持法「明白易知」的原則。一九三九年，美國聯邦最高法院於Winter V. New York, 333 U.S. 507 一案判決說：

> 假如一個人可被指為犯了法，而這種法規定的犯罪行為是含混（vague）與不肯定（uncertainty），以致於一般人的智慧不足以猜它的正確意義；同時對其適用的場合不能加以分別，那末所謂法治便不存在㉗。

看了這一段判決文，不得不讚賞兩千三百多年前的商鞅和韓非高明的見識。

法「易知易爲」的原則，不見於《淮南子》一書之中。不過《淮南子》另外提出法要「簡約」的觀點，〈泰族篇〉說：「政令約省」，「法煩難行」㉘，〈齊俗篇〉也說：「上無苛令，官無煩治」㉙。要注意的是，政令簡約未必就是易知易爲。

法「易知易爲」的原則不爲《淮南子》所承受，那是劉安及賓客見不及此。至於他們主張法要「簡約」，在思想上是受了儒、道二家的影響。在實際上，秦的苛法煩治令人民苦不堪言，清

㉗ 見李聲庭著〈法治是什麼〉一文，《自由中國》二四卷四期，四八年八月十六日。後收入文星叢刊《人權、法治、民主》，五十三年，臺北，文星書店。

㉘ 《鴻烈集解》卷二十，頁六〇，頁六四。

㉙ 《鴻烈集解》卷十一，頁七五。

靜無爲的文景之治，深受百姓的歌頌。這應該是《淮南子》的作者羣所能想到的。

先秦法家了解立法要察於民情，合乎人心，如此「法者，所以愛民也。」（《商君書・更法》）「所以利民萌，便衆庶之道。」（《韓非子・問田》）劉安及賓客也知道法要生於正義，生於衆適，才能使「公道通而私道塞。」（〈主術篇〉）但是主張人君立法，卻沒有制衡君權的有效設施，他們以法愛民利民的崇高理想，終究是付之東流。因爲「權力使人腐化，絕對的權力，絕對的腐化。」已是經驗的眞理。

第三章　法的政治意義

第一節　以法禁君

劉安認爲要人民守法，人主必須先守法。他在〈主術篇〉說：

> 人主之立法，先以身爲檢式儀表，故令行於天下。……故禁勝於身，則令行於民矣❶。

爲了使人主守法，他進一步主張用法來限制君權。他說：

> 古之置有司也，所以禁民，使不得自恣也。其立君也，所以制有司，使無專行也。法籍禮義者，所以禁君，使無擅斷也。人莫得自恣，則道勝，道勝而理達矣❷。

以法禁君，使無擅斷，這是法在政治上的運作意義。

《淮南子》提出以法禁君的主張，顯示作者心中已有制衡政治最高權力的自覺。在專制政治下，這是了不起的政治理念。所以韋政通先生認爲「對原先的法家來說，這是一很大的突破。」

---

❶❷ 《鴻烈集解》卷九，頁一九，二〇。

李增先生也說：「這個論點是先秦法家所沒有的。」❸但事實上，《淮南子》這一理念是抄襲《尹文子》，也承受自先秦法家。先看《尹文子．大道上》說：

古之置有司也，所以禁民，使不得恣也。其立君也，所以制有司，使不得專行也。法度道術，所以禁君，使不得專斷也。人莫得恣也，則道勝而理得也。

這段話被《淮南子》增加五字，改九字。最重要的是把「法度道術，所以禁君，使不得專斷也。」改作「法籍禮義者，所以禁君，使無擅斷也。」而《管子．法法篇》說：

明君置法以自治，立儀以自正也。不為君欲變其令，令尊於君。

《尹文子》、《管子》這些話，正是《淮南子》思想的藍本。〈主術篇〉說的「禁勝於身，則令行於民」，原是從〈法法篇〉一字不變照抄過來的。另外，韓非主張「人設之勢」也是有意用法來限制君權的濫用。所謂「人設之勢」就是「抱法處勢」。「抱法處勢」是人君透過法律制度，利用賞罰來行使政治權力。法是任勢的標準，而勢是行法的後盾。韓非主張君王要操權，但他也了解不肖人掌政權，等於「爲虎添翼」，所以他認爲「抱法處勢則治」。也就是說「勢」要在「法」的範圍內運作才能「便治」，否則就是「利亂」。因此我們認爲：韓非有意置權力於法制

❸ 見韋政通著《中國思想史》第十一章第五節，頁四四一。臺北，大林出版社。李增著《淮南子思想之研究論文集》第四篇，頁一七六，臺北，華世出版社。

的軌道上運行，一方面使中君能治國，另一方面也用來防止君權的濫用。這是他「人設之勢」的精義所在❹。

《管子》的「令尊於君」，韓非的「抱法處勢」，以及《淮南子》的「法籍禮義，所以禁君」，多少都已顧慮到政治的最高權力須要制衡。但是他們一致認為「生法者君也」，如此一來，君王要恣意創廢法律，誰能奈何？所以他們防止君權濫用的苦心，終究歸於無效。法家想用法治替代儒家的人治，結果仍不免流於人治，其癥結就在於政治的最高權力——君權無法得到有效的制衡。

第二節　人事制度化

法的客觀性和公正性表現在用人方面，就是人事制度化，所以《淮南子》說：

> 制度可以為萬民儀❺。

制度就是萬民的標準。用人有標準可循，就是人事制度化的意義。在人事制度方面，韓非提出三

---

❹ 見本書第一篇第二章「尚賢與任勢」條。

❺ 《鴻烈集解・泰族訓》卷二十，頁七一。

點意見：第一，依法擇人、量功。第二，循資歷升遷。第三，專任專職❻。《淮南子》只承受專任專職一項。〈齊俗篇〉說：

人不兼官，官不兼事❼。

〈主術篇〉說：

工無二伎，士不兼官，各守其職，不得相姦。

有一形者處一位，有一能者服一事❽。

《淮南子》的理由有兩點：第一，人的才能互有差異，只能因資使用，使各得其宜。第二，職務少而專，所以易守易爲，有工作績效。

《淮南子》這些說法，完全是《韓非子．難一篇》和《愼子．威德篇》的翻版。

第三節　法輔仁義

法家主張用法治國。韓非更基於實效功利的觀點，反對儒家所謂仁義道德可以爲政的論調。

❻ 見本書第二篇第三章第二節。
❼ 《鴻烈集解》卷十一，頁七〇。
❽ 《鴻烈集解》卷九，頁九，一二。

他在〈顯學篇〉說：「言仁義者盈廷，而政不免於亂」，因而斷定仁義「害功」「無用」，無益於政治。接着勸「聖人不務德而務法」。

《淮南子》論法又走回儒家的老路，一再強調仁義道德才是爲政的根本，政治須要待聖待賢，而法只是一種輔治的工具。〈泰族篇〉說：

> 法雖在，必待聖而後治……故國之所以存者，非以有法也，以有賢人也。其所以亡者，非以無法也，以無賢也。治之所以為本者仁義也，所以為末者法度也……法之生也，以輔仁義❾。

劉安等人當然知道無「法」不可以爲治，但他們認爲法的推動力還是要靠禮義和統治者的誠心❿。最後他們對德治和法治下了一個評價說：

> 治國，太上養化，其次正法……民交讓爭處卑，委利爭受寡，力事爭就勞，日化上遷善，而不知其所以然，此治之本也。利賞而勸善，畏刑而不為非，法令正於上，而百姓服於

---

❾《鴻烈集解》卷二十，頁六七，七五。

❿《鴻烈集解》〈泰族訓〉說：無法不可以爲治也，不知禮義不可以行法。」又說：「賞善罰暴者，政令也，其所以能行者，精誠也。」（卷二十，頁六八，五九）〈主術訓〉也說：「縣法設賞而不能移風易俗者，其誠心弗施也。」（卷九，頁五）

下，此治之末也⓫。

《淮南子》是以「德治」爲本、爲上，「法治」爲末、爲下，基本上離不開儒家的看法。

儒家論政，政治與道德不分。法家尤其集其大成的韓非，劃道德於政治之外。《淮南子》的作者們又重彈儒家的論調，主張「以法輔仁義」，這應該是「苦秦苛法」的自然反應。

政治與道德各屬不同的層面，各有其不同的領域。爲政之人固須守住道德，這應該從教育去培養，不屬政治的範圍。政治是專門的知識，須具有特殊能力的人才能勝任，並非單憑道德所能解決的。孔子的德治有其時代背景，周代宗法社會與封建政治是一體的，在宗法制度下的政治大小集團，只是大小宗族的化身，國君、世卿、大夫無異是權限不等的家長。在宗法社會中，家長有很大的權威，他的言行對族員就能產生直接的效用，在如此的社會背景下，德治才有實現的可能。禮樂崩壞之後，新政權相繼出現，原來親密的社會結構已經瓦解，後來的儒家仍站在道德的立場責難於君，要求現實的帝王做聖君，如何可能⓬？韓非已看出德治的無效性，所以他一刀切開政治與道德的界線，樹立政治的獨立領域，奠定了中國政治哲學的基礎。蕭公權就說韓非「劃

⓫ 《鴻烈集解・泰族訓》卷二十，頁六六六。

⓬ 韋政通先生在其所著《中國思想史》中，對儒家德治思想於現實政治何以缺乏積極貢獻的原因，提出一個相當合理的說法。他是從周代社會組織和政治組織的一體性的存在與否立論的。見該書第三章第五節，民國六十八年，臺北，大林出版社。

道德於政治之外，而建立含有近代意味純政治之政治哲學。無論其內容是否正確，其歷史上之地位則甚重要。」⑬

後來的《淮南子》又混道德於政治之中，此種言論只是便利帝王拿道德當幌子之外，對中國政治哲學的進程算是開了倒車。

結語

綜合全文所述，《淮南子》論法大抵不出法家的範圍，惟其作者或警惕於強秦的暴亡、或深受儒、道思想的影響，或應乎時代的需要，或囿於認知的界線，其法論的內容與法家相比，有所同也有所異。其相同的部分，諸如根本觀念：人性論、歷史觀、價值觀；法的法律意義：適時主義、罪刑法定主義、預防主義，法的客觀性、公平性、穩定性，及法的創生；法的政治意義：以法禁君、人事制度化等。其間承襲法家的跡象，理論的詳略、精粗，以及承受的因由，如前文所述，不必多贅。至於《淮南子》的法論有異於先秦法家的緣由，也已分述於各節之中，此處只將其相異部分列舉如下：

---

⑬ 蕭公權著《中國政治思想史》第一篇第七章第二節。民國五十四年，中華文化出版事業委員會出版。

(1)法家尊君，以法爲君王統治臣民的工具，爲「家天下」的政權立論；《淮南子》則接受先秦儒、道、墨三家「天下爲公」的共同理想，其論法針對人民設想，反對韓非維護君權太過的論調，倡言除暴君⑭。

(2)《淮南子》雖接受法家人性自私、好利惡害的觀點，但堅信人性之中有仁義的成分，而且後天的教化和學習，可以改變人性。

(3)韓非以法爲社會的唯一價值標準；《淮南子》則兼取仁義道德，而以仁義爲最高標準。

(4)韓非主張「以法爲教，以吏爲師」，反對人民論法議政；《淮南子》則不禁私學，且有〈修務篇〉專章討論積學的重要。

(5)法家主法治，韓非更劃道德於政治之外，樹立政治的獨立領域；《淮南子》則倡德治，必待聖賢而後可，且主張「法輔仁義」，又混道德於政治之中。

(6)法家主張「法」生於人心；《淮南子》以爲「法」不但要合乎人心，更要生於人間的公道(義)。

(7)《管子》主張「令尊於君」，《淮南子》更明白倡言「法者所以禁君，使無擅斷」。

⑭《韓非子・忠孝篇》說：「人主雖不肖，臣不敢侵也。」甚至認爲湯、武革命是「反人臣之義，亂後世之教。」《淮南子・兵略訓》卻說：「所爲立君者，以禁暴討亂也，今乘萬民之力，而反爲殘賊，是爲虎傅翼，曷爲弗除。」（《鴻烈集解》卷十五，頁五〇）

(8)法家主張嚴刑重罰；《淮南子》反對嚴刑重罰。

(9)法家強調法的穩定性；《淮南子》接受法的穩定性之外，更主張不能爲了便宜行事，捨棄正規法律不用，另立臨時條款等特別法。（〈泰族篇〉：「縣法立儀，必原其本末，不苟以一事備一物而已矣。」）

(10)《淮南子》不知法的可行性須具「易知易爲」原則，但另外提出「簡約」原則。

(11)《淮南子》強調「精誠」是實行政令的推動力。這是法家不討論的觀念。

(12)商鞅、韓非主張用賞罰來「急耕」、「厲戰」達成國家富強；《淮南子》並無此類言論。

以上所列，(5)(10)兩項《淮南子》不如法家精深。(2)(3)(4)(8)四項《淮南子》比法家切合事情。(6)(7)(9)三項《淮南子》對法家有所突破。(1)項《淮南子》兼融儒、道、墨、法四家的優點，其除暴君的觀點，更是精彩。

全書總結

一般來說，每一家的思想都由許多觀念所組成，把每一個觀念弄清楚，這一家一派的思想，大抵就可以把握。本書第一篇先介紹法家重要人物及其主要觀念，就是基於這種認識。法家的顚峯是韓非，集法家大成的也是韓非，了解韓非的思想，可以說已經了解法家的思想，所以第二篇就詮釋韓非哲學。法家思想到《淮南子》有很大的轉變，從此以後，法家就沒有突破性的發展。因此了解《淮南子》的法家思想，差不多已經了解漢以後兩千多年法家的面貌。因此在第三篇比較《淮南子》與法家法論的異同。從法家重要觀念的認識，到韓非哲學的全盤了解，再觀察法家思想的演變，這樣的處理，比較可以有系統性和整體性的了解法家思想。這樣的安排方式，是一種新的嘗試，也是本書的一大特色。

第一篇介紹法家的重要人物，我舉出管仲、子產、李悝、吳起、商鞅、申不害、愼到、韓非等八位爲代表。像鄧析、尹文對法家形名理論都有很大的貢獻，但他們的主旨應屬名家。至於尸佼、田駢、處子等法家人物，則載籍不詳，只好割愛。介紹法家的重要觀念，我舉廿五條，採用觀念史方式處理，著重思想演變的內外因緣，從觀念的起源、定義、演變、影響和批判，順序說明。相信對法家哲學的了解，已可奠下深厚的基礎。

本書第二篇應用知識社會學、法律學、政治學和心理分析學的知識和方法，對韓非整個思想重新建構和詮釋，希望能更深入而有系統的了解韓非思想。借用行爲科學來解說韓非思想，是一種新的方法，也是本書的一個特色。

首先，知識社會學強調「存在決定意識」，讓我們看清思想的因緣和理論的必然性。像法家思想適應階級破壞、諸侯兼併、商業興起的戰國背景而產生。像實證的知識論、利己的人性論，演化的歷史觀和功利的價值觀，是得自墨子、荀子、商鞅、愼到的文化傳承，而彼此之間也互爲影響。而整個韓非哲學也就在這四大基石之上建立和開展。像篡弒風行，人性自爲的認識下，君王操權服術行法，已成必要，何況商鞅有法無術，申不害有術無法的歷史教訓。像爭氣力，求統一的時代，勢治尊君，也就勢所必倡。像韓國地小勢弱，「縱橫」無利，才有治強在內政的主張。而管仲治齊、子產治鄭由內政着手的成功經驗，對韓非必然也有所啓示。像道德不能止亂，仁義無益政治的經驗，所以主張「擧實事，去無用，不道仁義。」「不務德而務法。」（〈顯學〉）像「力多則人朝，力寡則朝於人，故明君務力。」（〈顯學〉）像「法與時轉」則由實證的知識論，演化的歷史觀，及功利的價值觀而來的自然產物。這些是較爲顯著的例子。

其次，從法律學和政治學的角度看，韓非的成就應是先秦諸子之中的泰斗。他討論法的性質，法的精神與原則，精深而完整。他以法做爲「齊民」、「一民」的政治利器，同時用它來削除特權，建立人事制度化的憑藉。他甚至拿法當作社會行爲價值的標準；用以促進國家富強的唯一道路。他的術論，是政治上用人責功的謀略。其中不乏申子和老子思想的影子，但也表現了他「創造的轉化」能力。他的服術行法、無爲術、形名術、參伍術、禁姦防姦術，可以說已到達神而巧的境界。韓非論勢，已明白掌握權力是政治的關鍵。他對權力的性質、功能和運用過程，都有深入的探討和主張。但他只知權力，不知權限；只知集權，不知分權。因此以勢爲後盾，以行法、用術爲手段的配合運作下，韓非的勢論是一種極權主義，是羅素所謂的「赤裸權力」。

韓非論政的目的，在利民便衆（〈問田〉、〈心度〉），治強圖存。這是他做爲一個思想家兼知識分子的偉大抱負，令人欽仰。不過他提倡極權，注重權術，忽視仁義的價值，膨脹利己的人性面，拿人民當富強的工具，以法爲唯一價值標準，反學識、反文化等論調，終以不當的手段使目的變質，這是我們應該抨擊，應該揚棄的。然而，集法家大成的韓非哲學，確是「批判的繼承，創造的發展。」其中蘊含着不少智慧，在第二篇末尾我列舉十項具有現代意義的觀點，可供參考。

法家哲學促成秦始皇結束戰國，統一天下。但到了漢朝，時代改變，需要不同，法家思想自然隨着時代的需要而調整。綜貫先秦各家思想的《淮南子》，是針對漢朝政治背景而提出的資治理論。因此第三篇我拿《淮南子》與法家做比較，透過比較，我們發現《淮南子》的主旨是在道和儒兩家，但為了使其政治理想落實，不得已才又援引法家思想來加以轉化。大抵說，《淮南子》是採用法家的實效性和合理性的部分，而拿儒家的道德理想主義，去修正法家的嚴刻背德。它與法家最顯著的不同是：論政的立場針對人民設想，反對尊君太過，主張除暴君。反對以法為唯一標準及無書簡之文的反智理論。仁義為治之本，法度為治之末，所以倡言法輔仁義。而且主張待聖賢而後治，精誠才能行法等。為什麼有這些相異點呢？合理的解釋是，劉安及其賓客對強秦暴亡的警惕，又深受儒道的影響，同時也有適應當時政治的需要。但從此以後，儒法並用，或用法輔儒，或明儒暗法，已成為中國讀書人堅固的意識形態和政治運作的指導原則。所以說，《淮南子》是法家思想的一個大轉折，也是一個修理站。

底下我要列舉出本書對法家的一些新觀點。這是前人沒說過而與時人不同的看法。這也是本書的另一特色。

1. 法家確實有合乎現代法律學的「罪刑法定主義」的思想。（詳見第一篇「無離法之罪」條；第二篇第三章；第三篇第二章。）

2. 韓非受墨子的影響，已注意到共識問題與政策能否推行的關係。（詳見第一篇「是非與賞罰」條。）

3. 法家已知權力是政治的核心。但只知集權的效率，不知分權的功利。（詳見第一篇「法治」、「尚賢與任勢」條；第二篇第五章。）

4.韓非的人設之勢：「抱法處勢」的理論，是有意置權力於法制的軌道上運行，一方面使中君能治國，另一方面也用來防止權力的濫用，這是他人設之勢的精華所在。但立法權操在君王，可恣意創廢，其良法美意，終歸白費。（詳見第一篇「尚賢與任勢」、「人設之勢」，第二篇第五章。）

5.從心理分析學的角度看，韓非的思想是一種極權主義。而韓非的性格帶有虐待狂的傾向。（詳見第二篇第五章。）

6.依照羅素的《權力論》看，韓非說的「勢」是赤裸的權力。（詳見第二篇第五章。）

7.《韓非子》是一本改變中國歷史的書。韓非的思想是有效的領袖術，可以啓發現代的政治管理和企業管理。（詳見第二篇第六章。）

8.《淮南子》以法禁君的論點，現代學人說「是先秦法家所沒有的」，「這是一很大的突破。」但依筆者的研究，以法禁君的論點是抄自《尹文子》；而且從《管子・法法篇》的觀念，也可以轉化而成。（詳見第三篇第三章。）

9.《淮南子》反對擱置普通法不用，而另立特別法便宜行事。這個論點是先秦法家所沒有的。（詳見第三篇第二章第二節。）

10.法家的「法治」與民主政治的「法治」，截然不同。雖然法家主張法要合乎人心，但立法權、行政權、司法權操在君王手中，則其法治只是以法治民，以法「牧民」，法律已成爲獨裁專制的利器。民主政治的法治，是以法律限制政府權力使用的範圍，並以法律保障人民行使自由權利。（參見第一篇「禮與法」、「法術之士」、「法治」條。）

儒墨道名法五家人物國籍年代表：

國別＼家別	儒家	墨家	道家	名家	法家
魯	孔子 (551-479 B.C.)	墨翟 (468-390 B.C.)			
楚			老子 (?B.C.)		
宋			莊周 (370-290 B.C.)		
鄒	孟子 (372-289 B.C.)				
齊				尹文 (350-285 B.C.)	管仲 (685?-645 B.C.)
鄭				鄧析 (545-501 B.C.)	子產 (554?-522 B.C.) 申不害 (400-337 B.C.)
魏			楊朱 (395-335 B.C.)		李悝 (455-395 B.C.) 尸佼 (390-330 B.C.)
衞					吳起 (?-381 B.C.) 商鞅 (390-338 B.C.)
趙	荀子 (340-245 B.C.)				愼到 (350?-275? B.C.)
韓					韓非 (280-233 B.C.)

引用書目

一、著作

(1)書經
(2)易經
(3)周禮
(4)春秋
(5)左傳
(6)公羊傳
(7)國語
(8)竹書紀年
(9)戰國策
(10)禮記
(11)史記

(12)漢書
(13)晉書
(14)論語
(15)孟子
(16)荀子
(17)老子
(18)莊子
(19)墨子
(20)管子
(21)商君書
(22)愼子
(23)鄧析子
(24)尹文子
(25)淮南子
(26)說文解字
(27)文心雕龍
(28)羣書治要

(29)陳奇猷：韓非子集釋，五十二年，世界書局，臺北。
(30)陳啓天：增訂韓非子校釋，五十八年，臺灣商務印書館，臺北。
(31)梁啓雄：韓子淺解，六十年，臺灣學生書局，臺北。
(32)王讚源：韓非與馬基維利比較研究，六十一年，幼獅月刊社，臺北。
(33)王邦雄：韓非子的哲學，六十六年，東大圖書公司，臺北。
(34)張純、王曉波：韓非思想的歷史研究，七十二年，聯經，臺北。
(35)婁良樂：管子評議，六十六年，嘉新水泥公司文化基金會，臺北。
(36)瞿同祖：中國封建社會，六十年，萬年青書店，臺北。
(37)錢穆：先秦諸子繫年，一九五六年，香港大學，香港。
(38)章太炎：國故論衡，五十六年，廣文書局，臺北。
(39)顧炎武：日知錄，五十九年，明倫出版社，臺北。
(40)韋政通：中國哲學辭典，六十六年，大林出版社，臺北。
(41)焦祖涵：中國法理學，五十六年，三民書局經銷，臺北。
(42)陳啓天：中國法家概論，五十九年，臺灣中華書局，臺北。
(43)戴東原：從法實證主義之觀點論中國法家思想，六十二年，三民書局經銷，臺北。
(44)薩孟武：中國法家思想，六十七年，彥博出版社，臺北。
(45)丘漢平：先秦法律思想史，五十四年，三民書局經銷，臺北。

(46)楊鴻烈：中國法律思想史，五十九年，臺灣商務印書館，臺北。
(47)蕭公權：中國政治思想史，五十四年，中華文化出版事業委員會，臺北。
(48)梁啓超：先秦政治思想史，五十五年，臺灣中華書局，臺北。
(49)薩孟武：中國政治思想史，五十八年，三民書局，臺北。
(50)陶希聖：中國政治制度史，六十二年，啓業書局，臺北。
(51)馮友蘭：中國哲學史新編，一九六四年，人民出版社，北京。
(52)胡適：中國古代哲學史，一九六五年，臺灣商務印書館，臺北。
(53)郭沫若：十批判書，一九七一年，慶華出版社，九龍。
(54)韋政通：開創性的先秦思想家，六十一年，現代學苑月刊社，臺北。
(55)徐復觀：兩漢思想史，六十五年，臺灣學生書局，臺北。
(56)韋政通：中國思想史，六十九年，大林出版社，臺北。
(57)周弘然：中國的四大集成思想，六十九年，帕米爾書店，臺北。
(58)李增：淮南子思想之研究論文集，七十四年，華世出版社，臺北。
(59)龐德：法的任務，四十九年，協志工業叢書，臺北。
(60)維納格拉多夫：法的常識，五十年，協志工業叢書，臺北。
(61)梅仲協主編：法律學，五十三年，正中書局，臺北。
(62)戴雪（A.V. Dicey）：英憲精義，五十四年，文星書店，臺北。

(63)D. Lloyd：法律的理念，七十三年，聯經出版公司，臺北。
(64)鄒文海：政治學，五十五年，三民書局經銷，臺北。
(65)陳少廷：極權主義底解析，五十九年，環宇出版社，臺北。
(66)羅素：權力論，五十九年，正中書局，臺北。
(67)李聲庭：人權法治民主，五十三年，文星書店，臺北。
(68)周治平：刑法總論。
(69)殷海光：中國文化的展望，五十五年，文星書店，臺北。
(70)佛洛姆：逃避自由，六十二年，志文出版社，臺北。
(71)Burd, L.A., "Florence (II): Machiavelli," *Cambridge Modern History,* 1934, Cambridge.
(72)Lasswell, H. D. and A. Kaplan, *Power and Society: A Framework for Political Inquiry,* 1950, Rale Univ.
(73)Hayek, F.A., "The Intellectuals and Socialism," in the *Intellectuals*, edited by George B. de Husjar, Illinois, 1960.
(74)Mannheim, Karl, *Essays on the Sociology of Knowledge,* 1968.

二、論文

(1)王曉波：〈商君與商君書的思想分析〉，《大陸雜誌》，四九卷一期。
(2)沈剛伯：〈從古代禮刑的運用探討法家的來歷〉，《大陸雜誌》，四七卷二期。

(3)周道濟：〈道儒法三家之君主無為思想〉，《大陸雜誌》，三七卷七期。

(4)韋政通：〈中國哲學史上的四種不同人格〉，《現代學苑》，八卷五期。

(5)廖中和：〈國際政治上的現實主義與理想主義〉，《幼獅月刊》，三五卷一期。

(6)李聲庭：〈法治是什麼〉，《自由中國》，二四卷四期。

(7)李聲庭：〈中國古代沒有罪刑法定主義〉，《文星雜誌》，八八期。

(8)陸嘯釗：〈又一部孟德新書〉（戴炎輝著《中國法制史概要》讀後），《文星雜誌》，八八期。

(9)嚴耕望：〈漢代地方行政制度〉，《中央研究院史語所集刊》，第二五本。

滄海叢刊書目

國學類

中國學術思想史論叢(一)~(八)	錢　穆　著
現代中國學術論衡	錢　穆　著
兩漢經學今古文平議	錢　穆　著
宋代理學三書隨劄	錢　穆　著
先秦諸子繫年	錢　穆　著
朱子學提綱	錢　穆　著
莊子纂箋	錢　穆　著
論語新解	錢　穆　著

哲學類

文化哲學講錄(一)~(五)	鄔昆如　著
哲學十大問題	鄔昆如　著
哲學的智慧與歷史的聰明	何秀煌　著
文化、哲學與方法	何秀煌　著
哲學與思想	王曉波　著
內心悅樂之源泉	吳經熊　著
知識、理性與生命	孫寶琛　著
語言哲學	劉福增　著
哲學演講錄	吳　怡　著
後設倫理學之基本問題	黃慧英　著
日本近代哲學思想史	江日新　譯
比較哲學與文化(一)(二)	吳　森　著
從西方哲學到禪佛教——哲學與宗教一集	傅偉勳　著
批判的繼承與創造的發展——哲學與宗教二集	傅偉勳　著
「文化中國」與中國文化——哲學與宗教三集	傅偉勳　著
從創造的詮釋學到大乘佛學——哲學與宗教四集	傅偉勳　著
中國哲學與懷德海	東海大學哲學研究所主編
人生十論	錢　穆　著
湖上閒思錄	錢　穆　著
晚學盲言(上)(下)	錢　穆　著
愛的哲學	蘇昌美　著
是與非	張身華　譯
邁向未來的哲學思考	項退結　著

現代藝術哲學	孫　旗　譯
現代美學及其他	趙天儀　著
中國現代化的哲學省思	成中英　著
不以規矩不能成方圓	劉君燦　著
恕道與大同	張起鈞　著
現代存在思想家	項退結　著
中國思想通俗講話	錢　穆　著
中國哲學史話	吳怡、張起鈞　著
中國百位哲學家	黎建球　著
中國人的路	項退結　著
中國哲學之路	項退結　著
中國人性論	臺大哲學系主編
中國管理哲學	曾仕強　著
孔子學說探微	林義正　著
心學的現代詮釋	姜允明　著
中庸誠的哲學	吳　怡　著
中庸形上思想	高柏園　著
儒學的常與變	蔡仁厚　著
智慧的老子	張起鈞　著
老子的哲學	王邦雄　著
逍遙的莊子	吳　怡　著
莊子新注（內篇）	陳冠學　著
莊子的生命哲學	葉海煙　著
墨家的哲學方法	鐘友聯　著
韓非子析論	謝雲飛　著
韓非子的哲學	王邦雄　著
法家哲學	姚蒸民　著
中國法家哲學	王讚源　著
二程學管見	張永儁　著
王陽明——中國十六世紀的唯心主義哲學家	張君勱原著、江日新中譯
王船山人性史哲學之研究	林安梧　著
西洋百位哲學家	鄔昆如　著
西洋哲學十二講	鄔昆如　著
希臘哲學趣談	鄔昆如　著
近代哲學趣談	鄔昆如　著
現代哲學述評(一)	傅佩榮編譯

當代西方哲學與方法論　臺大哲學系主編
人性尊嚴的存在背景　項退結編著
理解的命運　殷鼎著
馬克斯・謝勒三論　阿弗德・休慈原著、江日新譯
懷海德哲學　楊士毅著
洛克悟性哲學　蔡信安著
伽利略・波柏・科學說明　林正弘著

宗教類

天人之際　李杏邨著
佛學研究　周中一著
佛學思想新論　楊惠南著
現代佛學原理　鄭金德著
絕對與圓融——佛教思想論集　霍韜晦著
佛學研究指南　關世謙譯
當代學人談佛教　楊惠南編著
從傳統到現代——佛教倫理與現代社會　傅偉勳主編
簡明佛學概論　于凌波著
圓滿生命的實現（布施波羅密）　陳柏達著
薝蔔林・外集　陳慧劍著
維摩詰經今譯　陳慧劍譯註
龍樹與中觀哲學　楊惠南著
公案禪語　吳怡著
禪學講話　芝峯法師譯
禪骨詩心集　巴壺天著
中國禪宗史　關世謙著
魏晉南北朝時期的道教　湯一介著

社會科學類

憲法論叢　鄭彥棻著
憲法論衡　荊知仁著
國家論　薩孟武譯
中國歷代政治得失　錢穆著
先秦政治思想史　梁啟超原著、賈馥茗標點
當代中國與民主　周陽山著
釣魚政治學　鄭赤琰著
政治與文化　吳俊才著
中國現代軍事史　劉馥著、梅寅生譯
世界局勢與中國文化　錢穆著

中華文化十二講	錢　　穆　著
民族與文化	錢　　穆　著
楚文化研究	文崇一　著
中國古文化	文崇一　著
社會、文化和知識分子	葉啟政　著
儒學傳統與文化創新	黃俊傑　著
歷史轉捩點上的反思	韋政通　著
中國人的價值觀	文崇一　著
紅樓夢與中國舊家庭	薩孟武　著
社會學與中國研究	蔡文輝　著
比較社會學	蔡文輝　著
我國社會的變遷與發展	朱岑樓主編
三十年來我國人文社會科學之回顧與展望	賴澤涵　編
社會學的滋味	蕭新煌　著
臺灣的社區權力結構	文崇一　著
臺灣居民的休閒生活	文崇一　著
臺灣的工業化與社會變遷	文崇一　著
臺灣社會的變遷與秩序(政治篇)(社會文化篇)	文崇一　著
臺灣的社會發展	席汝楫　著
透視大陸	政治大學新聞研究所主編
海峽兩岸社會之比較	蔡文輝　著
印度文化十八篇	糜文開　著
美國的公民教育	陳光輝　譯
美國社會與美國華僑	蔡文輝　著
文化與教育	錢　　穆　著
開放社會的教育	葉學志　著
經營力的時代	青野豐作著、白龍芽　譯
大眾傳播的挑戰	石永貴　著
傳播研究補白	彭家發　著
「時代」的經驗	汪琪、彭家發　著
書法心理學	高尚仁　著

史地類

古史地理論叢	錢　　穆　著
歷史與文化論叢	錢　　穆　著
中國史學發微	錢　　穆　著
中國歷史研究法	錢　　穆　著
中國歷史精神	錢　　穆　著

國史新論	錢　　穆　著
秦漢史	錢　　穆　著
秦漢史論稿	邢義田　著
與西方史家論中國史學	杜維運　著
中西古代史學比較	杜維運　著
中國人的故事	夏雨人　著
明朝酒文化	王春瑜　著
共產國際與中國革命	郭恒鈺　著
抗日戰史論集	劉鳳翰　著
盧溝橋事變	李雲漢　著
老臺灣	陳冠學　著
臺灣史與臺灣人	王曉波　著
變調的馬賽曲	蔡百銓　譯
黃帝	錢　　穆　著
孔子傳	錢　　穆　著
唐玄奘三藏傳史彙編	釋光中　編
一顆永不殞落的巨星	釋光中　著
當代佛門人物	陳慧劍編著
弘一大師傳	陳慧劍　著
杜魚庵學佛荒史	陳慧劍　著
蘇曼殊大師新傳	劉心皇　著
近代中國人物漫譚・續集	王覺源　著
魯迅這個人	劉心皇　著
三十年代作家論・續集	姜　　穆　著
沈從文傳	凌　　宇　著
當代臺灣作家論	何　　欣　著
師友風義	鄭彥棻　著
見賢集	鄭彥棻　著
懷聖集	鄭彥棻　著
我是依然苦鬥人	毛振翔　著
八十憶雙親、師友雜憶（合刊）	錢　　穆　著
新亞遺鐸	錢　　穆　著
困勉強狷八十年	陶百川　著
我的創造・倡建與服務	陳立夫　著
我生之旅	方　　治　著
語文類	
中國文字學	潘重規　著

中國聲韻學	潘重規、陳紹棠 著
訓詁通論	吳孟復 著
翻譯新語	黃文範 著
詩經研讀指導	裴普賢 著
陶淵明評論	李辰冬 著
鍾嶸詩歌美學	羅立乾 著
杜甫作品繫年	李辰冬 著
杜詩品評	楊慧傑 著
詩中的李白	楊慧傑 著
司空圖新論	王潤華 著
詩情與幽境——唐代文人的園林生活	侯迺慧 著
唐宋詩詞選——詩選之部	巴壺天 編
唐宋詩詞選——詞選之部	巴壺天 編
四說論叢	羅盤 著
紅樓夢與中華文化	周汝昌 著
中國文學論叢	錢穆 著
品詩吟詩	邱燮友 著
談詩錄	方祖燊 著
情趣詩話	楊光治 著
歌鼓湘靈——楚詩詞藝術欣賞	李元洛 著
中國文學鑑賞舉隅	黃慶萱、許家鶯 著
中國文學縱橫論	黃維樑 著
蘇忍尼辛選集	劉安雲 譯
1984	GEORGE ORWELL原著、劉紹銘 譯
文學原理	趙滋蕃 著
文學欣賞的靈魂	劉述先 著
小說創作論	羅盤 著
借鏡與類比	何冠驥 著
鏡花水月	陳國球 著
文學因緣	鄭樹森 著
中西文學關係研究	王潤華 著
從比較神話到文學	古添洪、陳慧樺主編
神話即文學	陳炳良等譯
現代散文新風貌	楊昌年 著
現代散文欣賞	鄭明娳 著
世界短篇文學名著欣賞	蕭傳文 著
細讀現代小說	張素貞 著

現代詩學	蕭蕭	著
詩美學	李元洛	著
詩學析論	張春榮	著
橫看成嶺側成峯	文曉村	著
大陸文藝論衡	周玉山	著
大陸當代文學掃瞄	葉穉英	著
走出傷痕——大陸新時期小說探論	張子樟	著
兒童文學	葉詠琍	著
兒童成長與文學	葉詠琍	著
增訂江皋集	吳俊升	著
野草詞總集	韋瀚章	著
李韶歌詞集	李韶	著
石頭的研究	戴天	著
留不住的航渡	葉維廉	著
三十年詩	葉維廉	著
讀書與生活	琦君	著
城市筆記	也斯	著
歐羅巴的蘆笛	葉維廉	著
一個中國的海	葉維廉	著
尋索：藝術與人生	葉維廉	著
山外有山	李英豪	著
葫蘆・再見	鄭明娳	著
一縷新綠	柴扉	著
吳煦斌小說集	吳煦斌	著
日本歷史之旅	李希聖	著
鼓瑟集	幼柏	著
耕心散文集	耕心	著
女兵自傳	謝冰瑩	著
抗戰日記	謝冰瑩	著
給青年朋友的信(上)(下)	謝冰瑩	著
冰瑩書柬	謝冰瑩	著
我在日本	謝冰瑩	著
人生小語(一)～(四)	何秀煌	著
記憶裏有一個小窗	何秀煌	著
文學之旅	蕭傳文	著
文學邊緣	周玉山	著
種子落地	葉海煙	著

向未來交卷	葉海煙　著
不拿耳朵當眼睛	王讚源　著
古厝懷思	張文貫　著
關心茶——中國哲學的心	吳　怡　著
放眼天下	陳新雄　著
生活健康	卜鍾元　著
美術類	
樂圃長春	黃友棣　著
樂苑春回	黃友棣　著
樂風泱泱	黃友棣　著
談音論樂	林聲翕　著
戲劇編寫法	方　寸　著
戲劇藝術之發展及其原理	趙如琳譯著
與當代藝術家的對話	葉維廉　著
藝術的興味	吳道文　著
根源之美	莊　申　著
中國扇史	莊　申　著
立體造型基本設計	張長傑　著
工藝材料	李鈞棫　著
裝飾工藝	張長傑　著
人體工學與安全	劉其偉　著
現代工藝概論	張長傑　著
色彩基礎	何耀宗　著
都市計畫概論	王紀鯤　著
建築基本畫	陳榮美、楊麗黛　著
建築鋼屋架結構設計	王萬雄　著
室內環境設計	李琬琬　著
雕塑技法	何恆雄　著
生命的倒影	侯淑姿　著
文物之美——與專業攝影技術	林傑人　著